打开孩子世界的100个问题

有趣的亲子对话魔法

[德]乌里珂·杜普夫纳（Ulrike Döpfner） 著

汤磊 译

机械工业出版社

CHINA MACHINE PRESS

Der Zauber guter Gespräche: Kommunikation mit Kindern, die Nähe schafft/ by Ulrike Döpfner wurde/ISBN: 978-3-407-86610-3

北京市版权局著作权合同登记　图字：01-2020-4122 号。

图书在版编目（CIP）数据

打开孩子世界的 100 个问题：有趣的亲子对话魔法 /
（德）乌里珂·杜普夫纳（Ulrike Döpfner）著；汤磊译 .
— 北京：机械工业出版社，2021.2（2024.4 重印）
ISBN 978-7-111-67477-1

Ⅰ . ①打… Ⅱ . ①乌… ②汤… Ⅲ . ①亲子关系 - 家庭教育
Ⅳ . ① G78

中国版本图书馆CIP数据核字（2021）第023199号

机械工业出版社（北京市百万庄大街22号　邮政编码100037）
策划编辑：刘文蕾　丁　悦　责任编辑：刘文蕾　丁　悦　张清宇
责任校对：张　力　　　　　责任印制：张　博
北京新华印刷有限公司印刷

2024年4月第1版第21次印刷
145mm×210mm·6.375印张·110千字
标准书号：ISBN 978-7-111-67477-1
定价：59.80元

电话服务　　　　　　　　　　网络服务
客服电话：010-88361066　　机 工 官 网：www.cmpbook.com
　　　　　010-88379833　　机 工 官 博：weibo.com/cmp1952
　　　　　010-68326294　　金 书 网：www.golden-book.com
封底无防伪标均为盗版　　机工教育服务网：www.cmpedu.com

好问题的魔力

如果你会魔法，你最想用这个魔法做什么？

父母不应该做哪些事情？如果他们做了会发生什么？

一个好朋友的特质是什么？你是这样一个朋友吗？你有这样一个朋友吗？

怎样才能发现别人爱你？怎样才能发现自己爱别人？

……

没错，这些有趣的问题，都出自你眼前的这本小书——《打开孩子世界的 100 个问题》。

这本书除了引导父母敞开心门，完成一些有挑战性的亲子对话，还总结出了 100 个富有创意的问题，从不同的侧面引导父母和孩子进行深度的、畅快的交流。

纵观这些问题，会发现它们有一些共同点：

安全无评判。书中的话题几乎都是开放性的，没有固定的答案，也就没有所谓的对错。在脱离是非对错的"非二元对立"的情境中，孩子才可以没有负担、更加松弛地表达自己真正的想法。就像书中所说的，父母可以用这样的提问和对话，为孩子创造一个"亲密而安全的岛屿"。

有趣有空间。可以说，有无阐述的余地是衡量一个问题好坏的重要标准。书中的很多话题是在"假设"的基础上设计的，让父母与孩子从谈之色变的作业是否做好、考试分数高低等现实问题中挣脱出来，走进一个自由想象和表达的空间。"你觉得怎样才能避免战争""如果你变成国家总理会怎么样""你想成立一个什么样的公司"，孩子可以乘着想象的翅膀畅所欲言。

平等可探索。相比于光怪陆离的外在世界，我们还有一个神秘浩瀚、值得深入探索的内在世界。作者基于儿童心理学研究和实践对书中的话题进行了系统化设计，它们就像一个个通往内在世界的小小窗口，不只孩子觉得有趣，成人也会觉得新鲜。面对这些话题，父母和孩子是平等的，亲子双方可以自由地就某个话题进行讨论，互相提问和激发，以期

"管中窥豹"，真正看到对方的想法、感受和需要。

安全无评判、有趣有空间、平等可探索，基本体现了一场好的亲子对话的特点。但是真正和孩子开展一次高质量的对话，却是不容易的。

我们都知道，在家庭教育的过程中，亲子沟通是一个永恒的话题。我们每天都会和孩子说很多话，有日常信息的交流，也有情绪情感的表达。但是正因为"和孩子说话"这件事就像吃饭、喝水一样，太司空见惯了，以至于我们常常处于不假思索的"自动驾驶"状态，很多话脱口而出，没有考虑到孩子的需要和感受；或者奉行"一言堂"，不给孩子发言的机会；再或者只会问些"作业做了没有""在学校怎么样"等让孩子觉得百无聊赖的问题，也因此，孩子可能越来越不愿意和父母交流。

诺贝尔物理学奖得主伊西多·艾萨克·拉比（Isidor Isaac Rabi）曾经说，大部分孩子放学回家后都会被父母问一句："你今天学到了什么吗？"但他的妈妈当年问的却是："你今天有没有提出一个好问题？"拉比认为，正是早年他母亲不断提醒他要提出好问题，才帮助他走上成为杰出科学家的道路。这也就是著名的"母亲之问"。在快节奏的当下，父母需要更多的智慧来不断丰富"母亲之问"。

可以说，我们所提出的问题往往蕴藏着我们的好奇与期待。心在哪里，提出的问题就会指向哪里。让我们通过这本书中的有趣问题，开启亲子对话与探索之旅，并且以此作为思想萌发的起点，把视野扩展开来，与孩子一起探索更广阔的世界。

试想，当父母和孩子在星空下一边散步，一边聊着那些没有唯一答案的问题，温柔地探讨着生命的价值与意义，该是一幅多么美妙的画面！

俞敏洪

引
言

　　我得从一个忏悔开始这本书的讲述。

　　我不是特别能干的妈妈，我的手艺非常拙劣。我不会画画，不会陶艺，不会编织，不会手工——任何通过双手去完成创意的天赋在我身上都不存在。对于孩子，尤其是年纪小的孩子，手工、制作、画画这些有创意的事，正是非常有益的创造亲密性的活动，但我和我的孩子却完全做不来这些。我的三个儿子上学的日子对我来说一直是"羞愧的日子"，在那些日子里，我在创作上的无力暴露得一览无余：我儿子的同班同学从上学的第一天起，就随身带着妈妈精心自制、充满创意且十分个性的各种学习用品，而我儿子却什么都没有。我不知道他们有没有注意这些，或许至今他们都没注意过。可我为什么偏要提起这件事呢？因为如果一个人在一个领域完全败下阵来，那么就要在其他方面不断加强，才能赢回得分。而我一直喜欢做的，就是和孩子聊天。我在职业上选择心理学也是类似的缘由，我把那些没用来做手工的时间都用到了语言方面——说和读。这两件事让我觉得比拿着烙铁、画笔或者锯子安心得多。那些我记忆犹新的愉快而重要的对话，通常是从孩子说的一些让我意想不到的话开始的：

"我长大了也不想考驾照，我怕制造交通事故。"

"我的生活太无聊了，我想要一些有趣的经历。我想当个猎头，搜寻有才华的人。"

"莱拉（儿子幼儿园的朋友）妈妈的笑容好美。"

"克里斯托夫讨厌孩子。"

"我宁愿当胡克船长，也不愿意当彼得·潘，那样别人会怕我。"

"那不是我，那是小红帽。"

"等我长大了，要住在一个铺满地毯的屋子里。"——我们家里没有地毯，只有木地板。

"妈妈，大树会在暴风雨之后倒在我们的房子上吗？"——说的是我们房子旁边的那棵大梧桐树。

这些只言片语开启了有趣的对话，在对话中我有时能发现孩子身上的一些惊人之处。和自己的孩子对话十分有趣，我们会发现一些他们身上我们从不知道的东西，或者听到一些我们从没想到的想法，比如，那些我们从没注意过的恐惧、对冒险的渴望、对某种东西的兴趣或厌恶、奇妙的幻想……因为我们对这些事的理解或许完全不同。能听到我们的孩子说起这些是一件多令人兴奋的事啊！我们可以去了解真实的他们，而不是我们设想或者期待的他们。如果我们的孩子和我们分享他们的想法，那对我们来说将是一笔不可思议的财富——因为如果我们了解他们的恐惧，就知道该如何帮助他们；如果我们知道他们的喜好、厌恶、偏爱和幻想，我们就可以对此做出反应。

当一个孩子随意说出一句话时，我们可以抓住这个机会，开始一段对话——我们只需要拿出时间好好倾听，并认真提问。近年来，在我从事治疗工作的过程中经常有人问我：作为父母，如何才能与孩子展开对话，更多地了解他们？怎样才能帮助孩子敞开心扉？父母经常发现和孩子说话很困难，不是通常诸如"学校里怎么样"之类的聊天，而是更深层次的对话，那些让父母了解孩子身上正在发生什么、什么可以真正触动孩子的对话。我和一些父母一起思考过，那些能展开深入讨论、最能实现真实想法交流的有趣话题到底是什么，以及对于这样的讨论，什么才是最重要的，而这本书就是从这个想法中产生的。其基本思想是，首先收集一些富有启发性的问题，这些问题有助于指导与孩子的日常对话，有助于从孩子身上了解和他们人格相关的特点。这些问题不是为了启发孩子的智慧，而是只有一个单纯的目的——开启坦诚的对话。

我收集了100个问题，这些问题是父母可以开玩笑地邀请孩子进行交流的，没有任何目的，没有任何具体用处，只是为了多了解一下孩子的感受和想法。这些问题适合不同阶段的孩子，也可以与成人进行讨论。

父母在每一个问题后都可以留下书写的空间，或者记下孩子的回答。这样这本书便会成为一种记录，记下孩子的想法、思考和感受；或者写下父母自己的感悟，比如和孩子进行一次深入交谈后的启发。每一个问题也有一个小的补充点，可以让这个问题稍作延展。

在开启这100个问题之前有一些切实可行的建议，帮助父母了解自己可以做些什么，以便在日常生活和特殊情况下与孩子开展亲密对话并达到目的。

我们能为和孩子的良好对话做些什么？我们该用什么样的态度和谈话技巧达到目的？我们如何组织这些谈话才能创造一个好的气氛，让孩子喜欢交谈？此外，我还想谈谈如何在充满挑战的情境下、在繁忙的家庭生活中、在发生冲突以及在父母离异的情况下完成良好的沟通。

最后，有一章是关于孩子和祖父母 / 外祖父母的交流，这对很多孩子来说非常重要：祖孙间的交流有什么特别之处？答案就在书中。

祝你在阅读、提问和倾听中获得快乐。

目 录

03

打开孩子
世界的
100 个问题

01

在和孩子的良好对话中，
父母能做些什么？

Der Zauber guter Gespräche

Kommunikation mit Kindern, die Nähe schafft

全神贯注是最好的礼物
良好的对话创造亲密性
敞开门的魔力
积极倾听
对话需要时间和空间
如果父母亲密地交流，孩子也会效仿
不是短信或留言，而是当面谈一谈

全神贯注是最好的礼物

你还记得自己小时候最喜欢和谁聊天,怎么和人聊天吗?我问了一些孩子和成人:

托马斯,41 岁

"我最喜欢和我祖母在厨房聊天。她坐在那儿,怀里织着毛衣,永远认真地听我说话。我什么都能告诉她,她仿佛对我说的一切都感兴趣。她给了我那么多时间,我永远是她世界的中心。"

贝瑞丝,38 岁

"我童年以来最好的聊天对象是我的朋友安得娅。我们一年级就认识了,她知道我的路数。我什么都能和她说,不会害羞。我知道,和她说什么都好。"

蕾雅，8岁

"我最喜欢姨妈丽莎来我家了。我们会玩'扮演马戏团'游戏，我当杂技演员表演杂技，姨妈看得可认真了。我给她解释我的动作，她总是听得那么认真。"

利诺斯，11岁

"我最喜欢睡前和爸爸聊天了。那时我会和他说一些我的小秘密，他会听得很仔细，然后给我讲他上学那会儿的事。我觉得这样好极了。"

我们总把良好的对话和倾听者的时间、信任联系在一起。在良好的对话中，我们能感觉到自己是对方关注的中心。从上面两位成人和两个孩子的回答来看，实现良好对话的魔力无疑在于全神贯注地参与！无论是成人还是孩子，在对方的全神贯注中，我们都会觉得自己被欣赏和有价值，每个人都想拥有这样的时刻。成人有时不太好意思承认这一点，但是孩子往往表述得很直接："被人关注实在是太棒啦！"

你上一次进行全神贯注倾听别人的对话是什么时候呢？是和谁对话，都说了些什么？再回忆一次那次对话带来的积极、愉悦的感受，你一定会发现被对方重视是一件很好的事。我们都经历过节日或者参与过会遇见很多人的大型活动。有些人很真诚，我们会觉得他们见到我们真的很开心；有些人握手的时候都在朝房间里东张西望，看看自己还能和谁攀谈、错过了和谁打招呼的机会，他们用敷衍的眼神扫过我们，就好像世界上还有很多更重要的事。这些人给我们的感觉真的不好，或许他们压根不来打招呼也比虚情假意地寒暄好得多。我们有时候又会有另外一种截然不同的感受，比如，我们正和某个人对话的时候他突然来了电话，但他根本没有去接，因为他完全不想中断和我们的对话。这个时候我们觉得自己是重要的、被全身心关注的，是在那个时刻对方所有优先级中最高的。

　　如果在日常对话中我们也给自己的孩子制造这样一个哪怕很短的时刻："你现在是我全世界里最重要的，其他所有的事我都不关注，我只关注你。"那么我们不仅给了孩子一份礼物，也给自己和孩子创造了一个亲密和安全的岛屿。

良好的对话
创造亲密性

　　我们如何判断一场对话是不是好的对话呢？是通过我们切身体会到的感觉。孩子感受到对话的美妙就会和我们建立联结和亲密感。当然，一场对话如何发展下去也能帮助我们做出判断：好的对话流畅自如，话题滔滔不绝。我们从对方身上学到了一些东西，同时也给了对方一些东西，这便是一种真正意义上的交流。在好的对话中，我们既用心发言又认真倾听，对话既带有略微紧凑的氛围，又带有一定的深度。在这样的对话中，我们并不只是停留在恭维的层面，或是满足于一些简短的信息交换（当然那也不错），而是恰恰相反，我们觉得这场对话十分有意义。除此之外，我们真的可以看到对话中的某种现实联系：对话双方的身体彼此倾向对方，互相注视，有时候甚至不时触碰一下对方，目光里流露着兴趣，表情友善，带着认同和赞许的微笑。

良好的对话会持久保留在我们的记忆里，对父母和孩子都是如此。它积极地影响着我们的关系，让我们彼此之间更加亲密。

即便过去了很多年，我们仍然能回忆起某个下雪的星期天早上，我们如何在床边喝着一杯热可可，进行了一次开心的对话。

敞开门的魔力

抓住机会

良好的对话自带一种魔力，一种连接对话双方的正能量。它既不附带讨好谄媚，也不让人觉得冷漠，随它而来的是一种特别的感觉。我们每天为了生活琐碎都要和孩子说上无数句话："早上好，你早餐想吃什么呢？""你今天什么时候做语文测试？""你今天有家庭作业吗？""你今天下午约了什么人吗？"等等。为了维持家庭生活的正常运转，很多事情都要商量，很多信息都要在我们之间进行交换。这种种的信息交换都有各自的目的，它们构建了生活的秩序，让我们的关系变得稳定。这些对话让我们在情感层面上更了解孩子的立场、想法、感受和诉求。有时候一些好的对话会很随意地在我们完全没有准备的情况下就开始了——孩子问的问题或者做出的一些评论让我们觉得无法简单应对或敷衍了事。

　　平日里很内向的 11 岁男孩卢卡斯在坐车去运动场的路上，突然和妈妈说起了前不久外祖母去世的事情。死亡这个话题在家里是大人不太会和孩子谈论的。在卢卡斯的外祖母去世之前，他的妈妈还失去了一位兄长和一些其他的亲戚，正因为丧亲之痛格外沉重，她才希望把孩子隔离在这个消极的话题之外。然而当孩子仍然如此直接地向她说起死亡——她以一种对孩子从来没有过的方式——径直把车开到了路边，停下车，向孩子问了一些问题，也告诉孩子自己内心的难过。在那次对话里，孩子问了自己心里的问题，妈妈也都坦诚做了回答。妈妈惊讶地发现，这次对话完全不悲伤，也不沉重，而是一场十分交心的对话。若是让她刻意准备这样一次对话，倒是十分困难。在儿子坦然开口的那一刻，她意识到了这个问题的重要性，当机立断地决定参与对话，对孩子的问题敞开心扉。她发现并且把握了这次重要的交心机会。

　　私家车、火车和公交车都是有趣对话常发生的地方。我们通常会在车上打电话，解决掉我们待办事项中没完成的内容。要办的事情一定得办完，这毋庸置疑。但或许我们可以把准备在车上打的那通电话往后推一推，把那一点私密的路上时间用来和孩子聊聊天。在那样的空间里往往会产生一些有趣的话题，创造更亲密的亲子关系。

对于孩子提出的一些重要问题，父母也可以预先选好对话的时间。比如早上我们一起收拾东西准备出门的时候，或者孩子穿鞋的时候。那会儿也许一个5岁的小女孩会问："妈妈，为什么我这么怕黑呢？""我死了之后会发生什么呢？""我一定要一直爱我弟弟吗？"这些问题能让父母发现孩子正在思考什么、喜欢和父母谈论什么。

之所以要选择特定的对话时间，是因为我们常忙于家务，不时还要专注于处理突发情况，对孩子的问题只能简单作答，心里想着等有时间再好好和孩子聊这个话题，但往往随后就忘记了。孩子之后也不会再有心情进行同样的对话了。在节奏紧张的生活中，如果我们仍然能拿出几分钟时间处理孩子的问题，那么也许我们就能有机会开启一些不一样的对话。孩子上幼儿园迟到五分钟这种事，也许过几天我们就忘了，但是和孩子的一次对话我们却能记很久。对孩子来说，记住并且重复自己的问题并不太容易，他们生活在当下，生活在此时此地此刻。这也意味着，当我们真有时间的时候，他们也许不会再说起那个问题了。

富有感情地参与

父母不是随时都有心情和孩子认真讨论一些话题的。我们有时候感到身负重担、悲伤、无力，没有足够的力量去面对孩子的问题和想法。我们没有办法控制自己的情绪，觉得开始任何对话都十分困难，需要很强的克制力，因为我们分心于自己的情绪和想法。

我们首先要关注自己的情绪，我们越是关注自己的情绪和需要，越容易成为有爱心、有同理心的父母。进入一次对话不能勉强。只有我们放松、专注的时候，对话才能做得更好。如果我们自己尚不平静、精力分散，是不可能期待收获一场良好对话的。我们要尝试梳理自己的感受，找到释放自己紧张情绪的方法。可以去散散步，和朋友聊聊天，听听音乐或者做一小时的运动。当我们自己感觉更好的时候，孩子也会从中受益。

在长期处于压力的情况下，例如面对工作压力或者夫妻关系问题，上述这些具体措施也许帮助不大。我们可以在生活中持续尝试运动、药物治疗、营养治疗、保证足够睡眠等。一些额外的手段，比如辅助治疗或自助小组也很重要。

我们越是关注自己、让自己心态平和，越能够情绪饱满地回应孩子，关注和帮助他们。我们自己感到心态平和，状态良好，才有能力帮助孩子处理他们的问题。

全身心地参与

我们边和孩子说话，脑子里还边想着其他的事——工作上的问题，没有处理好的任务，或者其他一些让我们分心的话题。这很正常，因为我们是普通人，不是超人，而且安排日常生活、商量每天的行程也通常不需要我们付出百分之百的注意力。但如果我们想要和孩子进行一次内容饱满的良好对话，那么我们必须全身心地成为他们的交谈对象，彻底进入对话情境。一次流畅、富有启发性的美妙对话，只有在我们全身心投入的情况下才能实现。

因此，我们主观上有意识地排除分心的事情，把精力集中在孩子和我们不断深入的对话上，就显得十分重要。就像我们处理其他一些必须全神贯注的事情那样，我们的思绪应只停留在当前的对话上，摒除其他的杂念，不要去想我们还有什么别的事要做，不要去考虑工作上的问题，而只单纯集中精力于对话本身。

孩子会察觉到我们的思绪是否伴随着他们，他们会注意到我们的身体转向他们，带着兴趣注视他们，对他们说的内容微微点头。

打断对话的"罪魁祸首"往往是手机。为了保证对话不中断，父母不要去看手机，最好能把手机调成静音，放到自己视线之外。软件安全公司 AVG Technologies（捷克，2016）做了一项关于手机如何影响家庭生活的在线调查，调查对象覆盖了德国、法国、英国、捷克、美国、澳大利亚、加拿大、新西兰和巴西的父母及他们 8~13 岁的孩子，总计参与人数达 6117 人。1/3 被调查的孩子都发现，自己的父母关注自己的时间和看手机的时间一样多，甚至看手机的时间更多。大约半数（54%）的孩子认为，父母过于频繁地查看手机。在一个坏习惯列表中，36% 的孩子抱怨父母在对话过程中被手机分心，这其中有 32% 的孩子表示父母被分心也没关系。此外调查还显示，25% 的父母希望孩子尽量少用手机，28% 的父母认为在手机使用方面自己并不是孩子的好榜样。

我们也可以用自己的经验判断：如果我们和一个朋友讲话，而他总是去看他的手机，那么我们不会觉得自己和正在讲的事对他来说有多重要。我们的反应会是闭口不言。如果这份友谊对我们来说十分重要，我们或许会在事后找个机会和他好好谈谈，但也有可能我们决定不再信任他了。

孩子没有义务去指出我们的缺点。如果他们在对话中感觉自己不被重视，他们也会闭口不言。他们只有在感到自己被接纳、被重视、被倾听的时候才能建立起对我们的信任。

除了专注于孩子，全身心地参与对话还包含着好奇心。对于成人来说，好奇心不是容易具备的特质。孩子常能毫无保留地表现他们的好奇心，对感兴趣的事表现出惊奇和兴奋。好奇心带来关注。

我自己可以把精力集中在孩子身上，倾听他说的每句话，认真思量并且兴致盎然地回应。但当我把好奇心加入对话时，交流才真正令人兴奋：孩子刚才说的话里真正想表达的意思是什么？他言谈举止中的深意是什么？为什么他恰恰提到了这件事？

好奇心驱使着我去追根溯源，这源自我内在的诉求——我希望真正了解我的孩子。我和孩子交流并非觉得这是应该做的，而是单纯被好奇心所驱使。好奇心不能勉强。人们有各自感兴趣的领域，也会因此对不同的事物产生好奇心。有些人在休闲时间喜欢听音乐，那么他们的好奇心也许会驱动他们自己去创作音乐；有些人喜欢蝴蝶，那么好奇心会引领他们关注生物的多样性。这两种人恐怕很难对对方感兴趣的领域产生兴趣。当然也有一些人对其他人感兴趣，喜欢和别人交谈。谈话的内容对他们来说可能无所谓，因为他们关注的重点不在于讨论某个特定的话题，而是了解他们面前的这个人。通常情况下，这种人往往是很受欢迎的谈话对象，因为他们总能向对方传递他们的兴奋。

如果你想到自己的好奇之处，想到自己的兴趣所在，那么你也会感受到激活一个话题的能量。如果我们在和孩子的对话里也引入些许这种能量的火花，那么对话的感觉就会完全不同。一次充满专注、爱意和关怀的谈话和一次充满好奇的谈话是不一样的。好奇心带来了试图理解的意愿，当我们好奇的时候就会很开放，而且还会乐在其中！我们想要了解更多，那么为了实现这个目的而进行的谈话过程会让我们感到愉悦。把一件事当作任务完成，抑或完全出于兴趣，这是截然不同的，我们的听众也能感受到这一点。

在一些不同情境的谈话中，我有时会暗暗在心里调整我的方向，然后就会发现对话完全进入了新的状态。每当我改变态度、真正对我的谈话对象产生好奇心的时候，我总是能感受到某种巨大的不同，我态度的变化极大地影响着对方的兴致和开放程度。我曾经有过一次有趣的桌边谈话，不过在谈话最开始的时候我却觉得："唉，我和这个人完全没什么可聊的……"最关键的还是我自己的心态——如果我兴致勃勃，想要认识和了解对方，那么话题总是会源源不断，因为对方本身就是最好的话题。

不只是孩子，只要我们尝试着理解对方，所有人都会在对话中满怀感激。当我们进一步感觉到对方能够在对话中获得乐趣，而不是出于礼貌或原则而和我们交谈的时候，对话往往能更进一步，创造亲密感。

建立信任

当我们坦诚并且摒除任何评价地接近孩子时，亲密感往往就开始产生了。我们能感觉到他们敞开心扉，想要和我们交谈，也能感觉到他们对我们的信任。

10 岁的皮娅说："我相信我的妈妈，我告诉她我的秘密。这些秘密我绝对不告诉其他任何人。我知道妈妈不会骂我，也不会把我的秘密告诉别人。"

孩子如果相信我们，就会向我们说起他们自己——毫无保留地敞开心扉，告诉我们他们正在做的事，他们喜欢和讨厌的事。信任建立在许多因素的复杂组合之上，很难因循定制。不过在任何时候，我们都可以通过我们的行为给自己加分：

当孩子体会到我们对他们诉求的反馈时，就会对我们建立一种信任感，认为我们是他们处理问题、解决困难或者满足愿望时的依靠。当他们多次来找我们，而我们不再倾听，或者不再拿出时间陪伴他们，他们就不会再指望我们的帮助，也不会向我们倾诉他们的心思和愿望了。

10 岁的尼古拉斯知道，他工作繁忙的父亲无论在什么会议上看到他的来电，都会停下来接起电话，因为之前两次在他向父亲寻求建议的重要时刻，父亲都是这么做的。所以即便父亲经常没有太多时间留给他，尼古拉斯都坚信只要自己需要，父亲一定会出现。

如果我们对孩子的诉求有建设性地反馈，积极参与其中并和他们一起寻找解决的办法，他们会逐渐相信自己总可以在和我们的对话中得到帮助。

8 岁的蕾雅总是在学校里对同学发火。她觉得自己做得不对，也知道自己惹恼了同学，但她不敢把这件事告诉妈妈。后来她还是告诉了妈妈，也很高兴妈妈没有像她想象的那样责骂她，而是帮她出主意，和她讨论怎样才能更好地和同学相处。

如果我们信守承诺，孩子会更愿意把我们当作他们值得信赖的交谈伙伴，这意味着我们被孩子认为是可靠的。

15 岁的安东尼总是因为成绩太差而和妈妈发生冲突，一度彻底沉默不言。他的妈妈总是许诺说，他可以用自己打工赚的钱和从零花钱里节省出来的钱买一台新电脑，不过因为一次次的不愉快，她总是食言。慢慢地，安东尼觉得和妈妈说话没有任何意义，因为他根本不相信她的话了。

如果我们总是诚实地面对孩子，不背着他们做事，不对他们说假话，信守我们的承诺，那么他们就会相信我们的话，对我们建立信任。

14岁的卡米拉在一次和母亲的激烈争吵中被父亲用手机偷拍了。当她发现这件事的时候觉得自己被父亲出卖了。从那之后她就不再相信父亲了，即使父亲在偷拍事件之后对她示好，她也觉得很难再接受。

如果我们充满爱意地回应孩子的倾诉，那么他们对我们的信任就会更进一步，会觉得把心事告诉我们是正确的决定。如果我们的反馈是指手画脚、贬低或指责，那么他们就宁可去找别人倾诉他们的心事和诉求。

9岁的亚斯敏在度假旅店里情绪激动地冲到妈妈身边。她在酒店的游乐场里和一个小女孩玩耍的时候不小心滑倒了，撞到了小女孩身上，让她也摔了个大跟头，小女孩的家长甩手就给了亚斯敏一巴掌。亚斯敏没有半刻犹豫，把事情一五一十地告诉了妈妈。她知道，妈妈一定会疼爱地回应她、保护她，哪怕她做了一些"错"事。假如妈妈习惯性地指责她，说出诸如"咦，你为什么会摔跤呀，人一般都不会摔跤呢"之类的话，那么亚斯敏也许就不会那么信任妈妈了。

坦诚架起桥梁

我们都很珍视那些坦诚回应我们的伙伴，他们总能很好地倾听并且设身处地地为我们考虑。在有了一个新想法的时候，我们心里其实早就有了一个清楚的界定，知道我们愿意和谁分享这个想法以及不愿意和谁分享。那些满眼只看到风险的伙伴，早已墨守成规、泥古不化，没有办法成为我们真正的朋友。我们愿意向坦诚、富有激情的人敞开心扉，这是天性使然。孩子，尤其是青少年，常常觉得自己的父母不是那样坦诚。

拉丽莎，14 岁

"我的父母才不和我谈论我的梦想呢。他们总觉得我就该那样生活，所以根本不会听我说这些。"

本，17 岁

"在父母那里完全不会有什么灵感——不会有创作，不会有想象。在爸爸那儿不会，甚至在妈妈那儿也不会。他们的世界里所有的事都必须特别现实和合理。"

为什么会这样？为什么必须这样？作为父母，我们理当对孩子的幸福负责，也应该知道他们期待的幸福是什么样的。但这并不意味着一旦他们说出了偏离我们预期的话，我们就要叫停谈话。如此，我们便剥夺了自己去了解孩子的重要机会。诚然，很多时候父母的保驾护航体现在给孩子提一些建议、做一些评价上，并且大多数情况下这是极好的。我们帮助孩子在重要的决定中厘清思绪，是尽了为人父母的义务。不过，父母的这把保护伞有时候张得太大，以至于各种评论和意见倾囊而出，一些本该有趣的谈话就这样被扼杀在萌芽中了。即便一些时候我们带着那么一丝"灵感"，愿意给孩子空间，听他们讲讲他们的梦想——无论实际与否——往往也最终难以逃脱上面这种"保护伞魔咒"。

在本书第三章的 100 个问题里，不乏一些捕捉不切实际心愿的提问。比如：你希望怎样生活？你梦想中的房子长什么样？你最想和谁共度一天？

聊这些话题不代表在做某种可行性调查，或是真的要在生活里去实现它们，而是在帮助孩子梳理自己的想法，让他们用这样的方式更进一步了解自己的性格，同时也让我们做父母的在一定程度上了解孩子的愿望和喜好。

在夏天的某一天，我正散着步穿过几个相邻的幼儿园，恰好听到一个大人和一个 5 岁左右男孩的对话。孩子显然正在说着特别开心的事，语调明朗极了："我要有一个超大的房子，带一个超大的花园，里面还要有很多小动物呦！"

大人则以一种截然相反的状态回应着孩子，一种心情平平、完全处于成人现实世界的状态："你能买得起吗？你哪儿来的钱呢？"而不是心情明媚地反问："哇，这样一个房子需要很多钱吧？"

孩子却依旧兴奋无比，很有干劲儿地回答："我能挣够钱的！"

大人的回应比先前更索然无味了："一个大房子是要花很多钱的，一个大花园、那么多动物也都要花很多钱。你得挣很多很多钱呢，你打算怎么挣呢？"

这下，孩子的回应顿时不自信了，声音也变小了："我不知道……"然后谈话就这样结束了。

大人当然是善意的，想要让孩子意识到现实的情况。但这样的谈话其实和现实根本无关，只是孩子在单纯地描绘最美好的心愿，憧憬那件最开心的事。最晚在青年时期，孩子就能学会理性地看待世界和分析事情。而我们知道，即便在成人时期，拥有梦想也是很有意义的，可以帮助我们反思和成长。如果非要孩子把梦想搬到现实中，他们就会遇到上面那个孩子的困境。

不要轻易"贴标签"

没有人比父母更了解自己的孩子：父母从孩子出生之日起就和孩子朝夕相处，观察着孩子，熟悉孩子的每个小动作、每个微笑，知道孩子的饮食和睡眠习惯、最喜欢的衣服、最爱的游戏，能体察孩子的情绪和感受。

父母对孩子了如指掌，对吗？在大多数时候也的确如此，但是我们在回答这个问题时忽略了一点，那就是在观察他人时我们作为人的主观因素。

为了能在抽屉里顺利找到东西，我们会按照自己的习惯把抽屉收拾起来。其实不止对物品是这样，我们对自己的想法也是这样。对于孩子，其实我们也时常做着分类，只是我们并不自知。

"我们家 12 岁的老大跟个商人似的，对数字总是特别在行。我家老二估计会当个艺术家，他呀，总生活在自己的世界里，对数字基本没什么感觉。"一位父亲这样和我描述着他两个儿子的性格。当时他的小儿子就站在我们旁边，耷着肩膀，就像我在问他是否同意一样。

我们总是倾向于传递给孩子一个"标签"——我们的儿子将来肯定能当个建筑师，因为他的乐高搭得那么好；我们的女儿将来一定能做个演员，因为她那么擅长模仿别人；还有……

性格方面我们也能贴上"标签"：贾斯伯胆子很小，雷奥特别勇敢，埃米拉总是野心勃勃。

父母总是在编辑这些"标签"。孩子在孩提时代就被贴上了某种"标签"，而父母总是尝试着在职业方面去对号入座，或者在性格方面去做某种有关联性的归因，或是用它们去否定某些性格的反面。

帕斯卡，一个21岁的小伙子，从很小的时候起就被父母看作当律师的好苗子。上大学之后他选择了法学，直到完成四个月的专业课之后，他才终于确定自己根本就不想做律师。他说，或许自己身上真的有父亲引以为傲的那些"特点"，但他根本不想去做律师，至于自己真正喜欢什么，还需要再去发现。他始终被父母的愿望影响着，当他还小的时候，父母总夸奖他很聪明、很有语言天赋，这让他很开心。而这只是因为比起他喜欢运动的哥哥，他从来不会在回家的时候带着满身比赛的伤痕。渐渐地，他对自己的认识也趋近于父母对他的设定。如果他在家庭聚会上做了一次不错的演讲，父亲就会骄傲地说："他将来可是要当律师的。"开家长会的时候，父亲也会把这些告诉帕斯卡的老师。后来，帕斯卡真的选修了法学——要不然该选什么呢？

"贴标签"，无论消极或是积极，都是通过语言传递的。"标签"会对孩子进行归类、限制、暗示，制约孩子选择的空间，约束可变性，反映出的是父母的期望。在"贴标签"这件事背后，隐藏的是一种观点：我们对孩子是有某种确定的期望的，如果孩子长时间地听到这种期望，那么它就会被孩子内化。

所以，我们一定要小心对待这种所谓的贴标签行为。一言既出，驷马难追，我们的话在孩子心里那么有分量，那我们又能否做到带着开放的心态去接纳孩子，去观察真实的他们，去接受他们传递的信息，不带任何先入为主的评判呢？让我们为孩子创造空间吧！他们固然有自己特定的品性，但孩子一直在成长，会逐渐经历人生的不同阶段。我们要让他们释放成长的潜能，给予他们改变的可能。

假设有人来家里做客，而 7 岁的小女孩安娜不敢去欢迎人家，这时父母解释："哎，安娜就是家里比较胆小的孩子呀。"安娜转身离开了大家，一句话也没说。如果父母对此没有进一步的反应，那么安娜就被贴上了"胆小"的"标签"，带着这样的评价孤单地离开了。如果父母采用了另一种方式，在这种需要和客人打招呼的时候想方设法帮助她克服恐惧，牵着她的小手向她介绍来客，那将会对她有多大的帮助！父母不该在感受到她恐惧的时候给她贴上"标签"，而是应该在她需要的时候适时、尽力地支持她。

总的来说，"贴标签"分为两类：积极的和消极的。

积极的"标签"大多反映出对某种能力或未来的较高期望，"你一定会变成一个超级女警"，或是"最优秀的律师""明星""你天生就是个网球选手""天才钢琴家"。

消极的"标签"，即便被用一种充满怜爱的方式表达出来，仍然会伤害孩子的自尊。"你可不是最用功的那个""你对数字真的没感觉""你没有运动细胞"。

当我们倾向于从积极的方面思考，就会更关注我们预期孩子取得的成就。比如，孩子将来从事什么职业，他在运动或音乐方面能达到什么水平，或是在其他领域能有什么建树。在积极的"标签"背后，隐藏的实际是我们自己的愿望，我们内心的希望是孩子成为我们期待的那样。于是我们只有在他们按照我们的心愿行事、取得好的成绩时，才会表达我们的认可和爱意，我们的愿望就这样通过语言表达出来了。

我们可以检测一下自己是否给孩子贴了"标签"：是不是经常说"你将来会变成……"？有没有给孩子分配"天生的网球选手""钢琴天才"之类的角色？我们真的应该时常想一想，孩子是不是愿意顺着我们期望的方向发展，我们的愿望是否也是他们的愿望。如果孩子并不喜欢还要勉强为之，那么他们就不能满足自己真正的渴望，从而失去长久幸福的源泉。

其实父母还可以用另一些表述来表达自己的想法："你这么喜欢演讲、辩论和政治话题，我可以想象，你将来也许能做个政治家——当然，得要你自己喜欢才行。"这样的表述可以清楚地把信息传递给孩子，让他们知道我们的观点并不是终有一天必将发生的现实，比如"你有一天会变成政治家"。这样我们就给孩子创造了独立构筑自身想法的可能性。

我们也可以组织一些有趣的交流，从中尝试了解他们的想法，检查一下我们的判断和设想是否和他们的感受相符。

当然，积极的"标签"也绝非一无是处。比如面对一个很有挑战的工作时，父母的积极暗示会增强孩子的自我认同感。随着父母把孩子的挑战反复说成一件理所当然能做成的事，孩子也会觉得自己的实际能力也没那么差，从而减轻了心理负担。但孩子收到父母的暗示，认为自己在现实中应该做成某件事，也会产生问题，毕竟这不是孩子自己的愿望，而是父母的。

米莉艾拉作为家里的独生女，是父母的掌上明珠。她的父亲十分骄傲于她的音乐天赋，在她很小的时候就让她在人前唱歌，家里来客人的时候，她也得去唱上几首。每次唱毕，必然少不了很多掌声，于是父亲更加笃定："你将来一定会变成著名的歌剧演唱家。"并把这件事告诉了所有想要或者其实并不想要知道的人。

米莉艾拉的父母是音乐爱好者，所以她从很小的时候开始就随着父母去听古典音乐会和歌剧。她坐在会场里，被妈妈打扮得漂漂亮亮的，总以一个喜欢音乐的甜美女孩形象出现，也受到了很多其他音乐会听众的赞扬。她被送去学钢琴和声乐，十几岁开始就在不同的乐队里演唱。

后来她认为自己的天赋不足以支撑职业歌手生涯，就放弃了独唱歌手的梦想，进入大学修习经济学。最终，她成为一个乐队的经理。

在青年时代，她虽然远离了父亲希望她成为著名歌剧演唱家的期望，但是要闯出一番名气的想法却留在了她的心里。她仍然在探索一个可以深耕的专业领域，仍然在寻找自己的观众。她出席公开演出和讲座，并受到很多赞扬。她认为，只有得到他人的肯定和掌声时才显得自己有价值。这就如同童年时她在父亲骄傲的要求下为客人献唱，而客人的掌声让她觉得自己是那么有价值。她的自我价值被父亲的期望和与之相连的掌声滋养着。

成年之后，每当没有成绩和掌声的时候，她就觉得自己没有价值，她说这简直是一种魔咒。她的父亲本是爱她胜过一切，想要给她全世界最好的东西，却给她传递了一种信号，即价值总是和她完成"标签"相关联——她要成为歌剧演唱家或者至少成为一个名人。

如果我们能够用一种开放的态度面对孩子，让他们明白我们爱的是他们本身，并不是他们能取得的成绩，也不是因为他们能变成我们预期的样子，那么孩子就能够基于自身特质建立自我意识，而不是基于他们取得或应该取得的成就。

向孩子传递我们无条件的、无关任何成就的爱，其实不是一件简单的事。心理学家、非暴力沟通的创始人马歇尔·卢森堡在他的著作 Kinder einfühlend ins Leben begleiten（在生活中敏感地陪伴孩子）（卢森堡，2015）中，描述了他如何尝试着向他当时 3 岁的孩子布莱特传递无条件的爱。卢森堡问他的孩子知不知道父亲为什么爱他。他的孩子回答说："因为我尿尿时都可以尿进马桶里吧！"父亲对孩子的答案略有失望，回应道："是吗？爸爸很高兴你能做到。但这不是爸爸爱你的原因。"孩子又说："那么，肯定是因为我吃饭的时候都没有把饭粒掉到地上喽。"卢森堡再次说道："哦，爸爸特别骄傲你吃饭的时候所有的饭粒都好好盛在盘子里，但这还不是爸爸爱你的原因。"最后，他只好告诉孩子答案："爸爸爱你，唯一的原因是你就是你呀！"卢森堡描写到，孩子听到这个答案的时候眼睛都亮起来了，在接下来的两天里，孩子总是跑到爸爸身边对他说："你就因为我是我，所以才爱我的。爸爸，你爱我，就因为我是我呀。"

我们是否把我们的爱和欣赏局限于我们希望孩子取得的成绩，并且毫不自知？我们的态度总能在和孩子的谈话中体现出来，其实可以自查：我们的兴趣点在于他们的所思所感，抑或更倾向于强化"标签"、直接或间接地表达我们的愿望及与其相关的成就？

我们在下一节关于积极倾听的内容中会涉及如何建立开放的谈话态度。

对于消极的"标签"，我们应该给孩子搭起屏障。孩子的成长会经历不同的阶段，在不同的时刻，他们都需要我们的帮助。指出一些完全力不能及的弱点，对任何人来说都毫无帮助。相比于给孩子贴上"标签"，我们更应该为孩子的不足之处提供支持，帮助他们改进那些沉重的缺点（比如胆量小、计算能力弱或是耐力差），表扬他们获得的进步。带着消极的"标签"，我们就总会拿自己的孩子和别人的孩子比较。如果我们摆脱这种视角，尝试着去接受现状和孩子既有的优缺点，那么我们就能帮助他们成长。若是我们想要和孩子进行真正的对话，就需要对孩子持有开放、认同的态度。

假如我们总是想着一些泛泛或笼统的性格"标签"，那么就很难敞开心扉，和孩子的对话往往也会被思维定式引向某个特定的方向。

作为父母，对于孩子做的哪件事好或者不好，我们当然有自己的评判，也应该和孩子谈这些。但应该注意的是，不要用我们的观点代替孩子的观点——这里的技巧在于，如何在已经有了自己的观点和评论时，对孩子说话仍能持有一种开放的心态并且做出相应的回应。"贴标签"会让我们交流的程序中断，我们提出了自己的愿望，却并没有去接收孩子的诉求。

根据著名教育学家蒙台梭利的观点，外部环境并不该去塑造孩子，而应该为他们创造条件，让他们表现自己——展示自己的想法和感受，自己喜欢什么、抗拒什么、梦想什么。

如何才能避免孩子闭口不言呢？

积极倾听

　　当我们想和孩子进行深入交谈的时候，往往希望了解孩子的想法和感受。我们最大的担心就是他们紧闭心扉，以致我们无法了解他们的内心世界。更糟糕的情况是，他们有某种担忧或需要，而我们却一无所知，因为我们无法进入他们的世界。

　　心理学家卡尔·罗杰斯致力于研究积极倾听的技巧——一种特殊的倾听形式——并将其植入谈话心理学理论。在他的实验中，治疗师以接纳的态度和富有同理心的方式对被治疗者加以回应，后者的自我接受度也随之不断增强，认为自己在被倾听的过程中获得了认同。

　　另一位心理学家托马斯·戈登将这一理论应用到了"父母效能训练"中，在父母课堂上教授这项技巧，并在其作品

FamilienKonferenz（家庭会议）中详细地阐述了这一理论。根据戈登的观点，积极倾听使得父母能够鼓励孩子表达出他们的想法和感受。

在被动倾听中，我们往往保持沉默，只是倾听。当我们通过肢体语言，诸如一个关注的眼神或是一个赞同的颔首，表现出我们的兴趣时，孩子就会把它当作某种接纳。在积极倾听中，我们不保持沉默，而是尝试理解孩子的感受以及他们传递的信息的内涵，我们把接收到的信息用自己的语言表述出来，反馈给孩子。信息包含的不仅是事情本身，还有语言背后的感受。我们尝试理解语言中带有的核心情绪，并且把我们的理解反馈给孩子。

一种特殊的态度在此十分重要：孩子尝试向我们传递的信息，需要我们敏锐感知并用同理心接纳，只有设身处地通过孩子的眼睛去观察世界，我们才能感知他们的感觉。我们要探求言外之意，以了解孩子的所思所感。此外，一种特别开放的态度和想要了解孩子到底要表达什么的强烈意愿也十分重要。

通过对孩子的反馈，我们把主观的评判留给了自己，只专注于对孩子的理解，从而不会追加我们自己的评判、建议或评论。我们希望孩子通过我们的反馈，了解到我们对他们所思所想的理解，了解到在谈话的当下，重要的是他们谈论的事情本身而不是我们的评价。孩子会由此感到被接纳。通过反馈，我们也可以查验自己是否真正了解了孩子传递的信息以及其中隐含的感受，孩子的反应会帮助我们判断自己是否正确。

通过对孩子描述的初步感知，我们简要地描绘自己的理解，借此引导孩子进一步在谈话中向我们解释他们的想法，从而鼓励他们自己寻找办法解决问题。

10岁的艾娃在家里十分崩溃地说："我讨厌安娜，她只和丽莎玩，再也不和我玩了。"父母往往会立刻回复说：

"安娜也不是你们班里唯一的女同学，你可以去找别的同学呀。"——这个回复提供了建议。

"宝贝，这只是暂时的，很快就会过去，明天这个世界看起来就会是另一个样子。"——这是在尝试削减矛盾。

"我一点儿都不惊讶，我早就知道安娜不是个好伙伴。"——这是一种评判。

父母想要通过这些言语帮助女儿，原本是出于好意，但这些反应并没有专注于孩子的感受。相反地，我们在尽力改变和淡化孩子的感受（愤怒、伤心），给出了自认为有帮助的建议或判断。由此产生的结果是孩子没有觉得自己完全被理解，也没有机会尝试自己找到解决方法。这种有导向性的谈话让孩子无法向我们陈述他们的感受。我们感觉到的更多是源于自己的想法，和孩子无关。

我们很难接受孩子有负担，所以总是很快就给出建议或评判，希望能把孩子从负担中解放出来。但是我们却跳过了一个重要的谈话过程——对孩子感受的认同。在这个过程中我们本该向孩子传达"我了解你的感受，我理解你的经历"，从而表达我们对他们的理解和接纳。只有这样，孩子才能感觉到自己被理解和接受，有了这种感觉作为基础，孩子才会敞开心扉，告诉我们他们内心的负担。

在积极倾听中，我们要不时向孩子反馈我们听到了什么：

艾娃："我讨厌安娜，她只和丽莎玩，再也不和我玩了。"

父亲："你觉得被安娜排除在外，只能一个人待着，这让你很生气，对吗？"

这时女儿会感觉到父亲理解她的情绪并且接纳她。对话建设性地继续下去：

艾娃："是啊，我是这么觉得的。每次如果安娜不注意我，我就觉得自己透明得像空气一样。"

父亲："你觉得自己就像根本不存在一样，怀疑自己到底是不是安娜的朋友。"

艾娃："就是这样！朋友就是要在一起玩的。我们一直都玩得那么好，现在这个蠢丽莎，把我的朋友都拐走了！"

父亲："你很伤心，因为现在安娜和丽莎一起玩了，你觉得你和安娜的友谊结束了。"

艾娃："对……嗯，也许没有结束，也许我可以试试和她们两个一起玩。"

　　在这次对话中，父亲通过积极倾听不断让女儿更深入地思考，把她的情绪表达出来。通过父亲对她情绪的反馈，女儿觉得自己被理解和接纳了。通过和父亲的对话，她最终自己找到了解决眼下困境的方法。

　　我们通过积极倾听能告诉孩子：我们相信你可以自己找到解决问题的方法。

　　通常情况下，反馈性的话语以"你"为开头。

　　如果我们按照自己原始的本能行事，直接把建议告诉孩子，他们会察觉到我们不相信他们能自己找到办法，也会察觉到我们在对话中没有留出空间让他们独立解决问题——我们的想法才是谈话的重点。

就像托马斯·戈登说的，其实多数情况下孩子都能在积极倾听中自主找到解决问题的办法。有时候父母的接纳也会在情绪上抚慰他们，让他们最终接受无法改变的现实。

在有些情况下，积极倾听会引出一些交流，孩子会在对话中向我们寻求意见，并且易于接受我们的建议。有时积极倾听引发的对话往往在结束时也没得出什么具体的解决方案，但孩子得到了表达感受的机会，并认为受到了我们的理解和接纳。也有些时候，这会让孩子在事后找到解决的方法，或是让他们当时的情绪随着周围事物的变化而逐渐淡去。

每个孩子在童年时代都会有一些有负担的思绪或是失望的情绪，而父母最希望的就是把孩子从这种心情中解放出来：当女儿发现最好的朋友有另一个好朋友时的伤心，儿子没有被梦寐以求的球队录取时的失望，或者是孩子第一次独立参加班级郊游的紧张，等等。我们的孩子这样孤立，和我们不再紧密相连，这让我们无法接受。我们陪伴他们、支持他们，但我们不能有太明显的指向性。我们不能把他们的感觉从他们身上拿走，也不能一辈子在任何困难中都给他们提供源源不断的解决方案，积极倾听才能帮助他们自己找到问题的答案。慢慢地，他们会感受到自己的力量，从而增强自信心。

　　能够在谈话中了解孩子的内心世界，父母也会倍感欣慰。被父母真正理解，孩子的内心会无比温暖，也会增强对父母的信任感。我们从自己身上也能体会，如果我们的交谈对象理解我们，那么我们就愿意知无不言，也愿意侧耳倾听；如果我们不被理解，就既不愿笑脸相迎，也不愿承认对方言之成理——反正他不懂我在说什么。

　　需要注意的是，对于一些实用信息的交流，积极倾听的意义不大。比如孩子说："能告诉我暑假什么时候开始吗？"那就没有必要重复说："你是想知道什么时候放假对吗？"

自检谈话的态度

操控

　　托马斯·戈登也向我们阐释了积极倾听中可能会犯的错误，其中之一就是把积极倾听作为操控的工具。从这个意义上说，我们不该通过积极倾听把孩子或多或少地引向一个微妙的方向。

　　上文提到的父女对话也可能这样进行下去：

　　艾娃："我讨厌安娜，她只和丽莎玩，再也不和我玩了。"

　　父亲："你现在很生安娜的气，因为她和丽莎玩得比和你要多。"——这里就给出了一个即将把孩子引向某个方向的评论。

艾娃： "不，根本就不是这样！安娜只和丽莎玩，完全不和我玩了。我再也不想和她扯上任何关系了！"

父亲试图让女儿觉得事情并没有她想得那么糟糕（"现在"，只是"和丽莎玩得多一些"而不是"只和丽莎玩"），想要引导她，让她和朋友重新和好。安娜觉得自己不被理解，并且很明确地表达了自己的判断。如果父亲继续朝着自己认为正确的方向引导下去，女儿会觉得自己完全不被理解：

父亲： "哦，别这样我的宝贝，你们是那么要好的朋友。去找安娜吧，请她到家里来。"

艾娃： "你不理解我——我讨厌安娜！"

即便是出于善意的操控，父亲的尝试也还是搞砸了一次本可以在信任中继续的谈话。如果他想通过谈话帮助女儿，就要先意识到自己在其中的导向性，并且修正自己的态度。

曲解

如托马斯·戈登所说，我们曲解孩子的本意也是常见的，也会使对话很快进入某个错误的方向。不过，我们可以从孩子的反应上觉察到这点。假如在和艾娃的对话中，父亲愿意积极倾听，重新对艾娃第一次略显激烈的反应（"不，根本就不是这样！安娜只和丽莎玩，完全不和我玩了"）给出自己的解读，那么女儿也许会受到鼓励，继续表达自己的情绪：

艾娃："我讨厌安娜，她只和丽莎玩，再也不和我玩了。"

父亲："你现在很生安娜的气，因为她和丽莎玩得比和你要多。"——这个反馈是基于错误的理解。

艾娃："不，根本就不是这样！安娜只和丽莎玩，完全不和我玩了。我再也不想和她扯上任何关系了！"——女儿否定了父亲的理解，又重述了自己的立场。

父亲："哦，你是真的生她气了？"——积极倾听带来了有同理心的反馈。

艾娃："是啊，我是想说每次安娜不理我的时候，我就觉得自己透明得像空气一样。"

这样一来，这个对话就在积极倾听的帮助下回到了正轨，可以像最开始的那个例子一样继续进行了。

替换

如果我们只是单纯替换孩子说的话，也不算正确使用积极倾听的方法。我们只是重复了孩子的话，而没有理解、反映他们内心的想法。

> 扬："上学又累又无聊，我真希望自己再也不用去上学了。"
>
> 父亲："你觉得上学太累了，不想去了。"（回复方式一——单纯替换）
>
> 父亲："你觉得上学负担很重，你渴望更多自由。"（回复方式二——对孩子感受的反馈）

我们通过对孩子感受的反馈支持了他们的自我认识，无须刻意将对话引到某个方向，或许就已经为他们铺垫了解决问题的方法。也许他们自己也正在考虑如何解决压力带来的困扰，把自己解放出来。

我还在积极倾听吗？

有些情况下，父母原本开始了和孩子的坦诚谈话，但谈话突然中断了。是什么导致了这种中断呢？托马斯·戈登描述了父母是如何"敞开了大门但又关闭了"。最开始我们听着孩子的倾诉，并观察着他们的反应，但孩子说的是一些我们不想听到的，或是不能赞同的话。这时很多父母在并不自知的情况下改变了原本的态度，立刻把自己的意见说了出来，对孩子的言论和感受大加评论，还不待孩子发问，就给出了自己的建议。举个例子：

> 蕾娜："比赛肯定会很难，我不知道周日之前我能不能练好基础动作。"
>
> 母亲："周日的比赛让你有点儿担心了，是不是？"——这是积极倾听产生的的同理心反馈。
>
> 蕾娜："是啊，我真担心比赛时会被刷下去。"
>
> 母亲："这是你自己要报名参赛的，你可要坚持下去。"

在母亲最后的回答中，积极倾听没有继续发挥作用，而是告诉女儿自己认为接下来该怎么做。母亲的反馈不再是有同理心的，而只是表述出自己认为女儿该如何处理这种情况。

这个例子很好地表现了两代人的关系：多数情况下，父母会告诉孩子如何处理不同的情况，也确实帮助了他们，但问题的答案不是孩子自己找到的，或许他们也并不能完全信服那个答案。

母亲没有真实感受到蕾娜的担心，蕾娜也没有机会表达出她的顾虑，更没法自己找出解决这个困难的办法。也许她痛快地把自己的担心都说出来之后，会主动向母亲寻求建议。但在她的担心还没有被完全表达出来之前，母亲给出的善意建议能否真正帮助她消除顾虑就不得而知了。

青少年希望受到重视

如果孩子在青少年阶段和家庭成员聚少离多，或者父母因为各种原因不能经常陪伴孩子，那么他们大多会觉得难以被父母理解。他们处于一个特殊的年龄段，正在日渐独立，逐步减少对父母的依赖；他们正在形成自身的人格，探寻自己到底要成为一个什么样的人。如果我们还记得自己少年时类似的经历，就能理解那个过程其实有些艰辛，有时候还会让人有些沮丧。对于这个阶段的孩子，如果我们仍然为之谋划、立场单一、态度不够开放，比如总是即刻给出建议和评判，那么他们就会望而却步。他们想要强化自己的立场，从而需要我们的一些包容。如果我们能成为积极的、满怀兴趣的和充满关切的听众，那么他们就会向我们敞开心扉，告诉我们他们的想法。

不过，这并不意味着我们必须要放弃我们的立场。这只表示我们要给孩子创造可能性，让他们表达自我和尝试自己的想法。我们不会从一开始就怒目圆睁，让他们放弃自己的想法，而是充满尊重地接纳他们的设想，用心倾听并参与其中。

青少年往往不太自信——他们正处于一个由儿童过渡到成人的蜕变阶段，但同时又不属于二者的任一范畴。在这样一个充满不确定的阶段，他们无法再表现得像个孩子一样，我们的重视会帮助他们顺利度过这个阶段。倾听，就意味着对他们的重视。

托比亚斯，16 岁

"我妈妈对我就像对我的小弟弟那样。我根本不觉得她重视我的立场。她根本就不会听我说什么——她的意思就是我想干什么就去干什么。如果她不愿意听我说，我也不会听她说什么。"

面对青少年以及他们特有的试探底线的行为，父母很少甚至无法表现得开放、包容和配合。这种情形下的沟通需要父母极大的角色转换、高度集中的精力和耐心，而这并不是我们随时都能提供的。

父母要隐藏自己的观点和建议，这首先就让人不太习惯。有的人开始也不适应重复别人的话，因为他之前根本就没这么做过。我的建议是，尝试一下吧！尝试的结果通常让人印象深刻。当青少年觉得自己被接纳和重视之后，会谈论更多。类似的情况我们经历了太多次。

我用这种方法和自己孩子的沟通特别顺利，这让我也很惊讶。我在刚开始试用这个方法的时候以为他们会吃惊地看着我，质疑我为什么风格突变。他们却毫不讶异地凭我主动地引导着谈话，没做出任何我担心的反应，交流顺利地进行，孩子向我说着他们的心里话。

我还记得和大儿子一次特别好的谈话，那时候他 11 岁。一个周日的早上，他跑进我的卧室，我正在床上读报纸。他坐到我旁边，说道："我想住在纽约。"

我拼命压制住了立刻问他"为什么"的冲动，先说了一下我对他所说的话的理解："你是想要搬到纽约去吗？"他表示是的，然后向我说起了他对我们现在的住所有什么不喜欢地方，以及他对大城市的向往。他说起自己冒险的愿望，以及这个愿望如何被我们的城市限制住了。大城市对他有某种象征意义，和他性格中的某方面很相符，但他至今都不能去尝试。那是个很有趣的对话，我从中对他了解了很多。我一直认真听他说，帮他梳理他的感受，没给过一句我的评论或建议，那个对话居然持续了半个多小时。我印象很深，也很受鼓舞。

其实对话的秘密在于我始终只是倾听。我说的那些话只是为了鼓励他继续说出他想说的，而对话的真正引导者是他。有趣的是，只有我对自己的"不参与"感到不太习惯，儿子却没受到丝毫影响。相反地，这种"不参与"鼓励着他说出了自己的渴望。

了解什么能触动孩子

当孩子想要说出他们遇到的麻烦时，积极倾听是很好的方法。不过即便没有负面情绪和麻烦，积极倾听也会给孩子创造空间，让他们说出触动他们内心的是什么。比较常见的情况是孩子说出他们的愿望，比如想出去旅行：

安娜："我想去法国旅行。"

我们要先克制一下我们本能的评论（距离太远、太贵、夏天游客太多），和她说一下我们的理解。

母亲："你特别想去法国旅行？"

安娜："对，阿莉克丝和克里斯提娜总是去国外旅行，我就没有去过。我也想和她们有共同的话题。"

母亲："你觉得朋友们说起假期的时候，你就被排除在外了。"

安娜："对啊，她俩都没去过法国，如果我从法国回来，她们可说不上来什么。"

母亲："你被排除在外，所以有点儿生气，你也想让她们尝尝这个滋味。"

安娜："嗯。不过法国也没什么可玩的。我其实更喜欢去奶奶家的村子里，那儿有小马，我还可以骑它们呢。"

通过积极倾听，这位母亲发现了去法国旅行这个愿望背后的原因，还知道了其实女儿根本不是真的想去法国，而是更愿意去奶奶家的村子里。

去法国的动机也不是女儿想去尝尝法餐、学一下法语之类的。不过，如果母亲没能及时克制住自己的冲动，而是用自己的想法影响对话，这些原因她可能就不会知道了。

在那种情况下，对话可能会朝另一个方向发展：

安娜："我想去法国旅行。"

母亲："法国太远了，那儿没什么可看的，宝贝。"——母亲在评论孩子表达的愿望。

安娜："也没有很远啊，飞到巴黎只需要两个小时。"

母亲："带四个孩子一起去太贵了，安娜，这你是知道的。"——母亲引入了事实的论据。

安娜（叹息地）："对，我知道的，妈妈。"

在这个对话中，妈妈以自己的评论引导着对话，谈论着旅行的可行性。女儿没能表达出她被排除在朋友们圈子之外的感受。

我们对于孩子感受的理解传递着我们对孩子的鼓励，让他们能继续表达下去，说出触动他们内心的事情。对孩子最开始"我想去法国旅行"的说法，母亲的做法比单纯问一句"为什么"更具有鼓励性——即便我们每天就为了要了解孩子而问上很多遍"为什么"。一个"为什么"表达了我们对话题的兴趣，却不是一种带有同理心的回应，无法表达我们对他们的理解。"为什么"不带有指向性，不太能帮助孩子进入感情层面。

我们不是每次都能在积极倾听中集中精力、带着无限耐心的。这十分正常，只不过我们越经常地积极倾听，就能越自然地把我们的日常跟孩子的谈话联系起来，习惯于这种富有挑战的谈话态度。

对话需要时间和空间

在日常生活中规划谈话

我们有时可以随机地发现一些适合与孩子交流的时机并且把握住它们。这些时刻往往美好、充满惊喜，能够充实我们的谈话。但这样的时候往往可遇而不可求。

如果我们想通过谈话与孩子建立联结、保持亲密感，那么就有必要为它规划相应的时间。"什么？要和孩子约一个时间？"一位父亲茫然地问我。是的！我们要和孩子约时间，不是为了送他们去上运动课，也不是带他们去看牙医，而是为了和他们好好交流，让谈话更加充实。

这样的谈话不需要一个很长的时间段，每天15分钟就足够了，但需要全神贯注，没有手机的干扰，没有父母漫游的思绪和其他杂事。当然，这样的交流如果没有时间的限制会更放松，结果可能会更丰富，但在我们满满当当的日程里，这或许是个奢侈的愿望。如果我们彻底放弃这样的交流又十分可惜，所以最简单的方法是把这样的时间规划成日常的一部分。

对于很小的孩子，我们可以利用睡前的亲子时间做交流。孩子要上床入睡的时候，往往会突然想要"倾诉"。灯光暗去，父母和孩子互相偎依的安静时光，或许还有让这种感觉再延续一会儿的愿望，总是让孩子开始娓娓道来：幼儿园里发生了什么争吵，今天又经历了什么有意思的事。这是多棒的对话时间啊！可惜很多父母并不能把握这个时机——或许是工作一天太累了，很期盼孩子入睡后属于自己的时间快点儿到来；或许是脑子里还在想着孩子睡着之后需要完成的工作。总之在这种情况下，父母很难平静下来。

利用好睡前谈话和赋予它仪式感对我们来说都是十分有益的。我们如果能满足孩子交谈的心愿，自己也会受益匪浅，因为它会给我们带来一种特殊的亲密感。

睡前聊天的时间不能太长，否则整个入睡过程会太拖沓，所以我们有必要为谈话规划时间，以便它能提前开始，这样我们就不会为了保证孩子的睡眠时间而扼杀掉谈话的时间了。

如果孩子的年龄大一些，不需要父母陪伴入睡，我们仍然可以找到其他一些常规时间，创造专注谈话的氛围——可能每个家庭父母的工作时间和孩子的上学安排各不相同，但大体来说晚上的睡前时间是最合适的，因为家里的氛围相对安静，白天的忙碌也暂时淡化了。有时早餐前的时间也是个不错的选择，因为大家都心绪平静，一天也才刚刚开始。

贝拉瑞丝是 4 岁男孩诺亚的妈妈。诺亚好奇心旺盛、善于表达，对妈妈专注陪伴的要求很高。贝拉瑞丝还有另一个儿子亚历山大，是个 10 岁的内向男孩。贝拉瑞丝总觉得自己对大儿子有所亏欠，陪伴他很少。晚上她要花很长时间哄小儿子上床入睡，所以晚上根本不是和大儿子聊天的合适时间，筋疲力尽之后，她也庆幸大儿子可以毫不费劲地自己入睡。于是贝拉瑞丝决定坚持每周两次把早上的起床闹钟调早 20 分钟，端着煮好的热牛奶去大儿子床边"絮叨"上一会儿。虽然母子俩都不是那么爱早起的人，但两人对早上弥足珍贵的相依时间都十分享受。贝拉瑞丝对亚历山大的全身心关注让他十分开心，虽然他其实并没有要求妈妈这样做。短短的 20 分钟营造了母子的二人世界，贝拉瑞丝也终于如释重负，能知道大儿子身上发生的事了。

　　有些孩子，尤其是内向型孩子，倾向于在更多的关注下和安静的环境中倾诉。那么父母就要巧妙地在忙碌的日常中尝试着创造这种谈话的氛围。当然，孩子也需要乐意进入谈话中来。比如我的日程刚好下午比较空闲，我会觉得如果能和 11 岁的儿子出去散散步、聊聊天真的很不错，可是他却恰好只想把他的乐高积木搭完。勉强把他带走肯定可以，但没有必要，谈话总归是要基于自愿的基础之上，所以最好还是把时机选在一个孩子真正乐意聊天的时间更为合适。

　　在青少年身上还会出现另一种情境：两人四目相对，却不能进行一场真正意义上的谈话。教育学家理查德·文特在他的著作 *Jungen.Eine Gebrauchsanweisung*（青少年说明书）中提到："当看似容易的谈话由于对象是一个青少年而变得困难重重时，不妨试一下在某项一起参加的活动中或那之后开始谈话。对很多青少年来说，这会让他们更容易打开话匣子。"（文特，2017）一个计划了家庭活动的周末或假期，提供了和孩子聊天的好时机，比如在散步、骑车、做手工或一起做饭的时候。

为对话创造良好的氛围

　　良好对话的实现有赖于我们交流的方式——音调、眼神、肢体语言、倾听以及我们选择的表达方式，这些都是和主观因素相关联的范畴。同样地，环境因素也会影响对话的进行。一次好的对话可以在任何情境下发生，无论我们身在哪里。只要双方进入状态，那么即使在嘈杂的轻轨车站，也可能实现一次极好的对话。当我们刻意安排对话时间，比如把时间固定在每天睡前的时候，就要注意一下对话的氛围。我们可以点燃香薰蜡烛或茶灯，放个背景轻音乐，煮个芳香的晚安茶，也可以和孩子一起钻进专门为悄悄话时间而准备的软毯子里，这样我们就刻意制造了这个时刻的仪式感，让孩子通过我们用心营造的环境，意识到他们有多重要。我们为感官营造一个愉悦的空间，也就创造了一个促进亲密交流的氛围。

孩子，尤其是小孩子，喜欢各种仪式。同样地，他们也喜欢日常生活偶尔被打破，出现一些意料之外的事。有时我们可以在日常生活中创造一些特殊的时刻来烘托氛围，开启一些谈话。比如准备一次野餐，和孩子一起舒服地坐在野餐垫上；在花园或者公园里一个我们平时从不就坐的特殊地方放一个靠枕，和孩子一起坐上去；或是和孩子一起搭一个很高的"房子"，然后一起"搬进去"。

把日常生活变得特别，有许许多多的可能，不止于创造某种外部情境，比如搭高塔或准备野餐。孩子在这样的过程中会感受到父母对他们倾注了特别的关注，他们会觉得这一切都是为了他们，为了彼此之间亲密的关系。感受到这些会让他们十分愉悦。如果我们能借助某种特殊的情境或氛围接近孩子，大概率可以实现一次不错的对话，让我们不再局限于日常琐碎本身。

这些有魔力的时刻也适用于讨论本书第三章中的游戏问题。

创造谈话文化

很多年来，一家人去餐厅吃饭都是这样一幅场景：大人和孩子同坐一桌，大人互相交谈着，孩子被托管给了电子设备——智能手机、iPad 或者电子游戏机。很小的孩子在饭桌间也被塞给了一个电子设备。大人就此保证了自己的清净，因为电子设备对孩子有极强的吸引力，让他们玩得不亦乐乎。对大人的聊天来说，这无疑是个巨大的帮助，然而这样的情境却让我们错失了和孩子亲密互动的可能性。

在一起进餐的时间里，全家围坐在桌边。这本是一个和家人定期交流的最佳时机，而且丝毫没有勉强。如果去饭店吃饭，则比在家里更为轻松：不需要做饭，不用收拾桌子。

享受这样和孩子相处的时间，开启良好的对话，能让我们快乐，也能增进亲子关系。

如果孩子很小的时候就被大人在用餐时间塞给了一个电子设备，那么他们收到的信息就是"我们对你的参与不感兴趣，让我们清净一会儿"。

当然，有时我们会在带孩子外出吃饭时遇到朋友，进而想和朋友聊一会儿天，所以我们就允许孩子玩一会儿我们手机上的游戏。这是一个实用的方法，解决了我们安排自己时间和照顾孩子之间的矛盾。这种和朋友见面的情境中原本没有设定要带着孩子，给孩子一个手机只是个临时救急的办法，帮助我们带着孩子在公共场合，比如咖啡厅或饭店完成一场"成人间的对话"，这是完全合理的。

通过电子设备的使用，谈话文化逐渐被改变。若干年前，人们完全无法想象如今的日常：谈话对象时不时查看一下他们的社交媒体，或者为了某种自拍突然中断谈话，紧接着就把自拍照发布了出去。年轻一代认为这种谈话关系十分正常，而许多40岁以上的人对此却难以适应，并觉得这样有些失礼。是否失礼尚可辩论，确定的一点是，这种短暂的、富有跳跃性的交流没给深入交流留下空间。这种交流形式并没有真正接纳和聚焦谈话对象，人们以自我为中心，对他人毫无兴趣，对谈话对象的感觉也变得迟钝。这种青少年和年轻人之间流行的沟通形式或许在某些情况下很重要，但对于我们寄希望以温暖、亲密、深厚的亲子关系却并不适用。对于孩子来说，更重要的是我们用心营造氛围并参与谈话，让他们感到可以更深入地交谈下去。

谈话文化是主动创造的、由父母示范的。一次，我和一位患抑郁症的男孩的母亲聊天，问她家里一起进餐的时间看起来是什么样的。她说，家里没有一起进餐的时间：早餐每个人都各自进餐，因为大家要在不同时间离开家门；午餐大家在单位或者学校解决；晚餐则是父亲或母亲中的一位单独在卧室看着电视完成，同时另一个还在工作，儿子也单独在自己的房间边看电视边吃饭。这听起来真让人伤心！聊天被电视被动地代替，家里几乎没有交流和谈话的时间，除了日常琐碎无法进行其他的谈话。

语言定义了我们的社会属性。孩子要学会表达自己，学会判断什么让自己愉悦，如何将自己置身于和他人的交流之中，这些都是必要的。我们互相交谈，通过语言实现自身的社会属性，这些是人类的基本活动。父母应为良好交流创造氛围，而共同进餐就创造了很好的机会，因为它为谈话创造了空间——全家人坐在一起，享受用餐时间，是日常中的

宁静时刻。丹麦家庭治疗师贾斯伯·朱尔在他的著作 *Essen
Kommen*（来吃饭）中描绘了家庭聚餐时间里的许多不同面
孔："聊天需要时间和注意力，这的确不是每次家庭进餐时
间都具备的，不过那些有活泼谈话文化的家庭却总是能从中
受益。"（朱尔，2017）

莉卡达，四个孩子的母亲

"我每晚都做晚餐，并且乐在其中。每个人都喜欢热乎乎的、
自家做好的一餐。实话说，我认为最重要的事是全家人都能在桌边
聚齐。吃饭时间是聊天时间，大家都能从中了解彼此，这对我来说
很重要。"

为了确保能在一起吃饭的时间里好好聊天，我们有必要
避免一些干扰。虽然这对我们来说可能很困难，但我们还是
该在大家彼此交流的时间里抛开手机，不要去接电话、收邮
件、查短信。最好所有家庭成员都一起把手机放得远远的。
在重要的工作会议中，我们总是把手机静音，以便注意力不
被分散，以表现对对方的尊重。那么我们能否把家庭时间看
得和工作会议一样重要，也是个优先级的问题。吃饭时播放
的电视也是一个沟通障碍。除了动嘴吃饭以外，我们都集中
精力于彼此的谈话内容上，才能让谈话更有意义，也让我们

有机会进行密切的交流。

　　创造谈话文化也需要我们好好设计交流的时刻,比如一起进餐时,把桌子布置漂亮,点燃蜡烛,甚至一起做饭。这些都营造了爱意融融的家庭氛围,大家都感到愉悦,孩子也能感到谈话有趣,自己的参与很重要且被期待。

如果父母亲密地交流，孩子也会效仿

　　我们经常教育自己的孩子，同时向他示范如何与人交流。我们给他们解释"礼貌"的含义及应用场景："友好地和他人打招呼""和别人说话的时候要直视人家""吐字要清晰""别人和你说话的时候要注意听"，等等。

　　除了这些主动的教育行为，和其他教育方式一样，父母的言行也会对孩子产生强烈影响，这些影响甚至强于那些我们用言语传授给他们的社交规则。孩子观察父母如何与他人交往、如何问候他人以及将自己介绍给他人，这比靠语言来解释要有效得多，因为我们就是孩子能"抄写"的范例，向他示范着如何与陌生人来往。如果我们的举止和我们教给孩子的规则互相吻合，那就再好不过了。如果我们想让孩子遵守我们自己都不能做到的规则，那么他们会更倾向于模仿我们的行为。

伊娜，一位年轻的母亲，花费了很大力气想让 4 岁的儿子史蒂夫待人有礼又友好。她总是惊讶于为什么无论自己如何努力，儿子总是在语言上充满攻击性，举止不得体。史蒂夫不仅大声斥责母亲和小妹妹，甚至也这样对待幼儿园同学，以至于幼儿园老师不得不请她去谈话。伊娜温柔、内向，举止礼貌。在多次被询问之后，她说有时她精疲力竭地下班之后，如果儿子不听她的话乖乖上床，她就会被"引爆"。她会冲儿子大喊并训斥他，不过通常也会很快道歉，因而也不觉得这种情况有什么特别的意义。她的儿子却直接把她的行为模仿过来，学会了同样攻击性强的交流方式。当她意识到自己言行的示范意义之后，再遇到类似情境时，便采用其他的方式回应。她学着如何用其他的方式应对自己的沮丧情绪，并且能够更好地控制自己攻击性的交流方式。

加布里勒很生气，因为她 9 岁的女儿奈勒总是"听不见"。看看这位母亲如何对待她的女儿就能明显发现，她对女儿的关注实在少得可怜。一次，她和女儿在公园里与其他父母、孩子坐在一起，一只狗靠近了她的女儿。加布里勒含糊地朝奈勒的方向喊道："奈勒，过来！"完全没有和女儿的目光接触，而是沉浸在其他两位女士情绪多变的对话中，不想错过任何信息。

奈勒对母亲的呼唤没有反应——她又何必认真以待呢？这声召唤几乎没有打断母亲和同伴的聊天，就仿佛没人和奈勒说话一样。过了一会儿，母亲察觉到奈勒没有到她身边来，于是生气地朝她喊了起来。

这件事现在已经和那只早已回到主人身边的狗没有关系了，女儿却依然用同样生硬的口气回复："不，妈妈！让我待在这儿！"然后仍然不肯过来。加布里勒显然想避免事态进一步发展，只好皱着眉头放弃了。

孩子学东西很快，而交流的基础源于父母的传授。我们可以作为鲜活的范例，向他们示范我们希望他们该学会的交往礼仪和谈吐方式。如果我们希望他们能友好地与他人交流，就要向他们展示如何礼貌地表达、请求，建立目光接触以及专注于他人的谈话。如果我们想要他们学会兴味盎然地讨论，就要向他们示范如何找到有趣的话题、确认和坚持立场、给他人留下表现的空间以及全情投入地互相交流。如果我们希望他们对我们的话有所回应，那么我们就要示范如何像我们预期的那样专注：和他们说话时注视他们，目光交流几乎是谈话所必需的。只有通过目光交流，亲子间才会形成亲密交流的基础。孩子能感到我们对他们的注视，反之我们也一样。

还有重要的一点是，如果孩子对我们的话没有反应，我们就要及时做出回应。如果孩子无动于衷，而我们又听之任之，孩子会认为这是没有问题的。如果我们采取了放任的态度，将来他们没有改进，我们也没有权利生气。如果我们第一时间做出反应，并明确告诉他们我们期待回应，那么孩子就能学到交流的一项基本原则——说话人开口讲话，听者接收到信息并该对此信息做出回应。

当我们停下手头的工作面对孩子时，他们能感受到我们对他们的专注。只有这样他们才觉得我们不是"顺便"和他们聊天，而是认为他们的信息很重要，并期待他们的回复。

如果我们希望和孩子的对话中有很多真实的交流，就可以给他们示范如何才能做到：迎合对方的目光，仔细倾听，富有同理心，及时反馈我们理解的内容。

我们都能发现一个有趣的现象，即孩子说话的方式方法总是和父母十分相似。这在语气、语调、表达和谈话展现的性情里都有所体现。孩子会以父母为范本，在交流的方式方法上也是如此。他们有意无意地学到了在父母身上观察到的举止。

坦言自己的私事——既说好事，偶尔也可以说难过的事

我们做父母的总是在谈论自己这件事上有些腼腆。我们总是在为孩子的感受着想，有时因此把我们的父母角色和本

身的性格区隔开来。但即便我们为人父母，仍是有感情、有思想、有经历的人。如果我们让孩子也意识到这些，会让他们了解我们的性格，从而为创造亲密感加分。当然这些加分得是朝着有益于孩子本身的方向进行，而不是把孩子作为一个信任对象去倾诉，向他们倾吐我们遇到的男女关系问题或是其他困难，这些都是和他们无关的问题。如果把孩子作为谈话对象讨论一些超出他们解决能力范畴的问题，会导致他们产生负罪感、恐惧或悲伤，从而进入太过情绪化的心境。让孩子了解一些我们身上令他们愉悦的经历，我们就开放了自我并和他们建立了联结。

丽塔·斯坦尼格在她的著作 *Eltern Lösen Konflikte*（父母解决冲突）里描述了一个家长谈论自己的好例子，就是向孩子说说自己的童年。对于多数孩子来说，这都十分有趣。这些童年的往事常常不能在脑海里招之即来，有时它们却偏偏兀自浮现。斯坦尼格写道：

"回忆自己的童年就像回忆很多事那样，不是按个按钮就能把记忆调出来。相反地，越是拼命想，想起来得反而越少。然后偶尔会有那么一个时刻，那些早年的事突然一下子从沉寂中蹦了出来，或许是我们的孩子正在经历一个我们之前遇到的类似时刻吧。这种时刻提供了一个绝佳的机会，让我们能以一种全新的方式和孩子聊天，孩子被这些故事吸引，怎么也听不够。"（斯坦尼格，2006）

孩子年纪越小，对于父母之前也曾经是孩子这件事越觉得不可思议。他们经常会吃惊地发现，我们小时候也经历了他们正在经历的事：因为摔伤腿而不得不去医院，觉得医院好可怕，正如他们也认为的那样；曾和最好的朋友说"我们不再是好朋友了"，然后觉得自己再也找不到一个新朋友了；养的豚鼠有一天死在了笼子里，我们哭了好几天，和他们现在养的仓鼠死了时的反应一模一样。我们当时作为孩子在这些时候的感受，我们当时如何处理这些问题，我们的父母、兄弟姐妹和朋友对此有什么反应，这些都是我们的孩子最愿意听的故事。

我总是能在谈话里感觉到父母不容易向孩子坦言自己的事。只有少数孩子知道父母的成长经历和性格——对于大多数孩子来说，父母就是照顾他们、为他们而存在的人。

我们很希望孩子不要卷入我们的一些沉重话题中，但在有些情况下，还是和孩子谈谈那些困难比较好，尤其是在家里遇到困难、孩子也能承受的情况下。如果我们闭口不谈，孩子或许会对此十分畏惧。

13岁的克拉丽莎是个焦虑的姑娘，她发现妈妈经常哭泣，至于到底是为了什么，妈妈从没试着向她解释，她也从没敢问起。妈妈担心孩子被自己的抑郁症压垮，孩子则从不询问妈妈哭泣的原因，因为她怕听到答案。在这种双方负担都很明显的情况下，我们建议根据孩子的年龄和他们探讨出现这种悲伤情绪的原因。但母亲觉得很难分离掉消极的情绪，不知道怎么和孩子解释以及到底该说多少。对孩子来说，父亲或母亲在有限范围内告知她问题所在会很有帮助——当然，不能让孩子觉得她对此负有责任。告诉孩子会让事情明朗得多，远优于把他们置于对沉重感觉的未知之中。在茫然无知中，克拉丽莎把所有可能让妈妈流泪的原因都想了一遍，也包括自己可能就是罪魁祸首。后来，家人用她能理解的方式向她解释母亲得了抑郁症并且正在接受治疗，以便尽快康复。这让她如释重负。这当然不能缓解妈妈的痛苦，但克拉丽莎却能够把妈妈的情况和典型抑郁症的症状对应起来，从而能更好地面对这些了。对于类似这种特殊处境，父母可以向职业治疗师寻求帮助，了解如何以最好的方式和孩子进行沟通。（格里斯·施途普，2016）

和其他人与人之间的关系一样，孩子对父母了解越多，就越能理解父母，对他人的认知则需要更多的了解。本书第三章的100个问题不仅包含了如何发掘孩子的想法和梦想，还囊括了如何向孩子传达父母的想法。如果你发现孩子对某个问题发表了见解，而你也对此感兴趣，想要表达自己的观点，那就说出来吧。比如说说你想坐飞机去哪里，什么时候和为什么要去，谈谈你想用超能力干点儿什么。

知道一些他人的事会创造亲密感，这适用于两个方向：知道孩子的想法能让父母感到充实，同样地，多了解父母一点、更好地认识父母也会让孩子很开心。此外，了解父母的人生之路也会让孩子的理解更丰富。在和朋友及其他熟人的对话里，我总能发现他们对自己父母"做父母之前"的日子几乎一无所知。当父母逝去或者已经不再能向父母问起过去的时候，他们会觉得无比遗憾。

父母在孩子面前总将自己定义为父母，照顾孩子却很少提及自己的经历。父母常常不愿意告诉孩子自己的过去，这真的很遗憾，还有什么比让孩子知道父母如何变成现在的样子更有意思的事呢？理解一个人需要更多的信息——如果我知道父母的过去，那么我能更好地理解为什么他们是这样的人以及如何成为现在这样。

托马斯有一儿一女，他一直很爱自己的父亲，但父子之间却总维持着一种有距离的关系。他惊讶于成功运营一家公司的父亲总是能了解最新时局和经济领域的信息。在他还年幼的时候，他就知道父亲对政治话题感兴趣，两人也曾规律地就此交流。而当托马斯的儿子有一次向他问起爷爷的事时，他才发现自己能说出的关于父亲的事少得可怜。

作为父亲80岁生日的礼物，托马斯送给了父亲一个"系列访谈"：他一连几个周末专门来到父亲的住所，花几个小时的时间向他询问之前他生活里的事。这些访谈后来被一个职业作家写成了传记，这让托马斯的父亲和全家都十分高兴。不过托马斯仍然十分遗憾没能更早地和父亲开始这项工作。在谈话中他大胆地向父亲提出了一些更为私人的问题，并从中更多地了解和理解了父亲，知道了一些他早先就想了解的事情。

令人难以释怀的是，我们有时和最亲近的人，或是那些我们希望亲近的人实际并不亲近。作为父母，我们有机会塑造和子女的关系，我们可以坦陈内心，告诉他们我们的经历。我们也可以展示对他们生活的兴趣，给他们机会，让他们袒露心声。如果想要拥有亲密的感情，就要承担风险——向孩子展现自我，同时提出私密的问题。有时这样会暴露出一些伤疤，一些父母不愿公之于众的东西，因为父母总想向孩子展现"坚强"的一面。而这种坚强的坏处在于，它往往会在亲密的亲子关系上打上距离感的烙印。提出私密问题也将面临风险——孩子会对我们产生警觉，也可能告诉我们他们觉得有压力。对于青少年，这种情况更容易发生。

孩子并非时刻乐意敞开心扉谈自己的事，这很正常，我们也一样，也许是我们交谈的尝试并不在一个合适的时候。许多父母在孩子拒绝的态度下觉得很受伤和无助（这再正常不过了），因此打了退堂鼓。这就形成了一个抗拒的循环，亲密感的建立就几乎不可能了。如果我们不对此感到沮丧，也不把孩子的抗拒归因到我们自己身上，不对孩子的抗拒听之任之，而是更多次兴致盎然地尝试着和他们谈话，那我们又能重新拥有丰富交流和创造亲密感的机会。

用上整个大脑

如果孩子能学会说出那些强烈的、沉重的内心情感，会对他们帮助很大。我们应鼓励孩子到这样的谈话中来，倾诉自己的感受和卷入其中的关联事件，这在大脑研究中被认为是有治愈性的。

Achtsame Kommunikation mit Kindern erläutern（与孩子们的认真沟通）一书的作者丹尼尔·J.齐格和蒂娜·佩妮·布

莱森解释道，在感受到强烈压力的情况下，孩子会同时运用他们的右脑（情绪化的、非语言的、经验式的和记录性的，专注于某段经历的意义和感受）和左脑（逻辑的、语言化的、线性的，专注于该段经历的独特性和规则）对经历进行加工，理解这一点十分重要。在这种情境下，孩子有时会无助地流露自己的感受，因为他们的右脑在强烈情绪和身体感受的支配下占据了主导。布里森表示，此刻父母可以尝试帮助孩子激活自己的左脑，这样孩子可以通过语言和逻辑更好地理解自己的处境。在孩子尝试表述自己沉重的经历时，左右脑被强制协同工作。右脑提供感受和记忆，左脑判断事情的意义。孩子因而在叙述中能够把右脑负责的强烈情绪和身体感受通过左脑的帮助重新整理一遍。父母也可以从旁协助，通过询问事情的经过和中间掺杂的感受，让孩子把故事完整地讲述出来。对于很小的孩子，父母也可以在他们讲不下去的时候帮他们补充一些自己的描述。

那些可以引发强烈情绪的痛苦经历，对于很小的孩子来说可能是一次摔伤的经历，比如膝盖摔破了，让他们又痛又怕；对于学龄孩子来说可能是一次伤心的经历，比如好朋友疏远了，或是一次痛苦的体验，比如上课回答问题时引得同学哄笑。

齐格和布里森写道：

"研究表明，提及或描述我们的感受会使右脑隐秘的情感活动镇静下来。这也是为什么对不同年龄的孩子来说，叙述他们的情绪都十分重要。因为他们需要理解自己生活中的情绪和经历……在现实生活中，讲故事正是孩子需要的方式，可以帮助他们理解自己的经历，以进入一个感情上更为舒适的状态中。"（齐格/布莱森，2016）

不是短信或留言，而是当面谈一谈

通过电子设备进行交流，我们的生活被大大简化了。我们即使匆匆在路上，也可以发送消息和处理事情，这比打一通电话或者开个面对面的会议要快捷和简单得多。比如我们想要安排一个会议，可以直接写一个短消息告知对方，而不用面对面地花很长时间商量。

在手机上，我们越来越多地打出缩略语和表情，这让我们的交流更高效了。通过短信息和其他文字消息，我们可以直接说出我们的意愿，而在现实的对话中却有很大概率在聊天中跑题，很容易把话题带向一个之前没有预期的方向，而这些都需要花费时间和精力。

我们从早上一睁眼到晚上入睡都可以通过手机被联系到，社交媒体和互联网源源不断的信息流让我们几乎不能停歇——我们始终处于通过电子媒介接收或者发送信息的状态下。很多人每天数个小时沉浸其中，新词"网尸"（原文为Smombies, 是 Smartphone 和 Zombie 的某种结合——译者注）描绘的就是那些连走路都要盯着手机的人。如今在中国的一些地区，连斑马线都被加入了红色和绿色并可以发光的色条，以便诸多看起手机头也不抬的网尸们也能知道红绿灯什么时候切换了。

安静和无聊的时间几乎一去不复返了——我们利用每一分钟的休息和等候时间来查看手机。正因为我们把这些短暂的时间都用在了手机上，我们就更不会有时间去谈话了，于是那种不被打断、专注于对方的谈话就更少了。然而只有专注于对方、精力不分散的谈话才能帮助我们建立联系和亲密的关系。在充斥着电子设备的时代，我们做父母的一定要清醒地选择不被干扰的方式和孩子谈话。这和我们童年时代的情况完全不同，那个年代无所事事和无聊的时刻很多，自然而然就能衍生出一些有趣的对话。

我们有时候会吃惊地发现，孩子宁愿和朋友通过社交媒体聊天，也不愿意和他们在线下聚会聊天。在虚拟社交中，他们可以根据自己的心情随时出现和退出，不需要和一个真实的谈话对象从头到尾面对面地交流，因此谈话也更有掌控感。在真实谈话中融入话题和识别对方感受的能力，对于虚拟交流来说并非必需。

在当下社会，孩子从小就使用手机和电脑，电子化的交流侵占了他们尤其是青少年越来越多的时间。在这样的时代里，给孩子提供"真实"的对话机会愈发重要，他们可以从中单纯地和对方交谈，练习如何和他人聊天。在聊天中人们可以互相交流，也能学会当双方观点不一致时不该立刻退出谈话，而是尝试着摆出自己的论据。聊天中的人们不能因隐藏在一个网络假名背后而弱化自己的责任。

在"真实对话"中，孩子也可以练习表达观点和接收观点的顺序。通常情况下，一场对话开始于信息交换，在对话中有信息的发出者和接收者。随着对话的进行，两者会互换角色。有时让人吃惊的是成人的对话会单薄得可怜，因为他们只对"发送信息"感兴趣。对话可能由一个提给他们的问题开始，他们会无限地尝试去回答问题，而根本不会提出相对应的问题。孩子很小的时候就可以学习沟通的基础和进行多方参与的良好谈话，因此孩子要一方面学会在他人问起他们的想法时如何表述，另一方面也要学会向他人表达自己的立场。父母应告诉孩子他们的观点很重要，借此鼓励他们亮出自己的观点并维护它，而且把经历这一过程作为他们能力的一部分。这会让他们有找到自我价值的感觉。

另外，父母表达自己的观点也很重要，孩子可以学习如何提出问题——在这样的交流里孩子要学会如何倾听对方的想法，并用开放和感兴趣的态度面对对方。如果孩子只会输出自己的想法，长此以往会变得自私和缺乏同情心。如果他们一味接收对方的信息，就会缺乏自我意识，无法坚持自己的立场。

卡特琳是三个女儿的母亲，她从不敢在朋友聚会时在桌边开口致辞。其他时候她虽然并不感到害羞，但也没办法在众人面前表达自己的观点，即便她对多数谈话主题有着清晰的观点，每次对于说错话或是表达不好的恐惧总会占据上风。她的父母与她是一种物质上庇护、精神上相对专制的关系，他们看重她的成绩和作为，却不注重她的感受。卡特琳和她的妹妹从没有被父母鼓励着说出自己的想法。家里的聊天内容总是一些特别实际的话题，而父母对所有问题都有着不容辩驳的看法。卡特琳还记得自己很小的时候就害怕说错话，因为父母从不鼓励她捍卫自己的想法，而是恰恰相反，给她的观点"扣帽子"，让她打消那些念头。所以在这样的家庭关系中，卡特琳没有机会理所当然地去练习如何维护自己的观点，因而她没有相应的经验能够让她在讨论中阐述自己的观点并捍卫它。然而硬币都有两面，在另一面，卡特琳是一个出色的听众，对谈话对象总是充满兴趣，也总能问出一些巧妙的问题让谈话继续并不断扩展下去。作为一个成年人，她要拾回那些在幼年和少年时代缺失的勇气，练习如何更多地表达自己。

孩子能在"真正"的谈话中锻炼各项能力

如果和他人面对面聊天，那么一方面聊天本身会比通过短信之类的方式深入得多，另一方面却也可能出现中断、偏题和超出预期的内容，让我们不得不分心去处理。即便如此，我们还是能通过面对面沟通更好地了解对方。

人与人的交流是一件很复杂的事，必须要从幼年就开始练习——没理解对方的时候要提出问题，要能运用目光交流并推测对方眼神的含义，领会对方肢体语言和表情的意义。在"真实对话"中，孩子不仅能学会语言上的交流，也能学会解读非语言信号。非语言信号不存在于虚拟交流中。虚拟交流中我们完全看不到对方，因而交流有时更高效，有时却也容易出现误解和误读。非语言交流中的信号解读是面对面谈话的重要组成部分，我们可以在日常情境中和孩子进行练习。

当超市售货员在收银台旁边忙得团团转时，我们可以问孩子："你觉得售货员高兴吗？"然后可以和孩子一起思考如何才能解读她的情绪：她没有笑容，没有看着我们的眼睛，也没有招呼我们，她的语调冷漠，连"再见"也没和我们说，我们向她道谢的时候她也完全没反应。

孩子可以练习解读的非语言信号有：

- 面部表情
- 目光
- 手势，还有姿势，即身体的倾向性和抗拒性
- 说话的声调、语速、语调

这些对非语言信号的解读不仅促进了孩子语言和认知的发展，也着重强化了他们情感方面的能力。不过，日常中能够谈论感情的机会不是那么容易被抓住，作为备选方案，我们也可以通过看书来实现类似的交流。扬·冯·霍雷本的照片集 *Meine wilde Wut*（我的狂怒）或幼儿就能阅读的弥斯·冯·厚特的画册 *Heute bin ich*（今天是我）可以让父母和孩子消除疲惫，在关于感受、情绪、表情的生动交流中收获更多。

在谈话中增进孩子的同理心

认识、触碰和谈论感受以及观察、解读非语言信号都会强化孩子的同理心。其间他们不仅关注对方的话语，也关注表情、体态和语调中传递的感觉，由此孩子能够学会深入理解和体恤对方，了解他们的感受。大致从 4 岁开始，孩子就能领会或至少部分领会对方的观点、体会对方的感觉，比如会同情对方。在进入社会之前，同理心有益于帮助他们形成自己的行为方式。

有时我们会遇到一些明显只能对语言信号做出反应的人，和他们交谈的时候会觉得他们"冷冰冰"的，交流起来也很机械。他们身上缺乏一种同理心，不能体会和理解他人的情感信号。这会让他们不断遇到人际关系上的麻烦，因为人们也无法理解他们。

孩子天生就有不同的移情表达方式。有些孩子从一开始就容易和他人建立关系，他们面对他人的感受和想法时注意力集中，能够正确地理解和领会，也能做出合适的反应。

有一次我注意到一个十分触动我的场景。

一位母亲和她大概 3 岁的儿子手拉手站在斑马线前等红灯，他们旁边是一位老妇人。小男孩仔细看着老妇人，过了一会儿之后问道："你为什么看起来这么伤心呀？"老妇人看着他，回答说："因为我太孤单了。"小男孩接着说："可怜的老奶奶。"绿灯亮起，大家各自行路。显然这个小男孩是个同理心天才：他能捕捉一个陌生人的情绪并表达出来，同时表现自己的同情。

　　不是所有人都天生带有这种同理心的，但同理心可以不断增进，即便在成年阶段也是如此。神经科学家和心理学家塔妮娅·辛格在一项大规模研究中发现，心理训练是一种可以训练人社交能力的方式。这项研究是马克斯·普朗克认知和神经科学研究所的"资源项目"，是全球范围的、旨在研究增进同理心的一个项目。在马克斯·普朗克学会的一次项目访谈中，辛格解释了不同形式的心理训练对于大脑和行为的影响。她得出了重要的结论，其中也包括儿童社交能力领域的研究："我会应用这项培训，尤其是在社会焦点学校（Brennpunktschulen，这类学校通常会接收来自问题家庭、贫困移民家庭等社会弱势群体的学生——译者注）。在那里，许多文化交汇在一起，因此转换思维角度、健康地处理压力和困难情绪的能力非常重要。如果孩子和成人同时规律地接受训练，儿童一定会产生更显著的效果。当然，这也是因为儿童的大脑比成人大脑的可塑性大得多。"（www.mpg.

de/11514867/interview-singer-neue-meditationstechnik-fuer-
empathie，2017）

如今，许多学校和幼儿园已经应用了一些被开发的训练项目，以增进孩子的同理心并提升他们的社会交往能力。女作家米歇勒·波巴在她的著作 *Selbstlos.Warum empathische kinder in unserer Alles-dreht-sich-um-mich-Welt erfolgreich sind*（无私——为什么富有同情心的孩子在自我的世界中成功）中专注于孩子的同理心教育。她着重描述了一个组织的"同理心之根"项目，该项目于 1996 年由玛丽·戈登创立，从幼儿园到八年级的孩子都可以通过该项目的帮助增进"感情素养"——学会如何认识自己的感受并表达出来，同时也能识别他人的感受。该项目的一项核心内容是观察一个定期由志愿者父母带来的婴儿，职业训练师会带领学龄以上的孩子观察婴儿的情绪并描述出来。因为婴儿还无法通过言语表达情感，所以这些孩子必须仔细观察，通过婴儿的表情、手势和音调来揣测他的感受。孩子借此能够更好地理解自己和他人的情感，同理心因而得到了增进。

在这项有组织的学校项目中，孩子在职业同理心训练师的带领下，致力于减少学校的攻击性行为和聚众暴力行为，同时提高自己的社会性情感能力。

在日常生活中，我们也可以充当孩子的"同理心训练员"。为了能富有同理心地对他人做出反馈，孩子必须首先能了解自己的感受，因此，父母在对话中鼓励孩子了解自己的情感是很有帮助的。此外，父母也可以向孩子反馈自己觉察出的孩子的感受。

至于在体察他人的感受方面，父母可以鼓励孩子多和他人交流，思考他们当时的感受。还有，父母如果总能向孩子解释自己的感受，也会对孩子有帮助。他们可以借此领会和体察自己及他人的情绪。

我们可以积极或消极地解释某种情绪：

- "我今天很高兴，因为我的工作进展很顺利。让我们一起去好好散个步吧！"
- "我现在很紧张，因为我在思考我的工作。你可以在自己的房间里玩吗？我需要安静。"

请尝试更具体地区分自己的感受，当说起现在感受如何的时候，不要单纯只是说"好"或是"不好"。心理学家马歇尔·卢森堡把我们共有的基本感觉分为需求被满足时我们体会到的感觉和需求不被满足时的感觉。（卢众堡，2019）

对于需求被满足时的感觉，他列举道：激动的、感动的、感谢的、充满能量的、开心的、满足的、轻松的、惊讶的、有吸引力的、愉悦的、被触动的、充满希望的、有灵感的、积极的、骄傲的、信任的、感觉良好的、自信的。

对于需求不被满足时的感觉，他列举道：担心的、忧愁的、孤独的、失去勇气的、失望的、沮丧的、恼怒的、无助的、绝望的、紧张的、悲伤的、不适的、不耐烦的、生气的、害羞的、困惑的、不情愿的、愤怒的。

当孩子说自己现在感觉"好"或是"不好"的时候，不要不好意思去多问一句——你具体是指什么感觉呢？有一个相应的情感词，才能准确说出自己的感觉。孩子越能说出自己的感觉，越能更容易地分辨自己和他人的感受。

作为男孩的母亲，我们要在谈话中尤为集中注意力。母亲跟儿子说话的方式方法和跟女儿明显不同。医生和科学家维尔纳·巴滕斯援引心理学家哈莉特·特南鲍姆关于父母子女对话感受的研究："父母和孩子之间的讨论显示出性别差异。母亲对女儿说的话会更有表现力，更情绪化。"（巴滕斯，2017）

为了让男孩能学着说出自己的感受，母亲（当然还有父亲）会和他们谈论自己的情绪——从自己的感受开始，然后说到男孩的感受和与他们日常相关的他人的感受。

在角色扮演游戏里，孩子也能学会深度了解他人，通过他人的视角看世界。父母可以和孩子一起进入不同的角色里，然后（根据孩子的年龄）通过扮演的角色进行虚拟对话。比如孩子说到和朋友的一次争吵，角色扮演就能有很大帮助：父母假扮自己的孩子，孩子则扮演和他争吵的朋友。角色转换能使孩子至少部分理解对方的立场、深入对方的感觉世界。

孩子也可以在和家养宠物的互动中感受敏感和非敏感行为的影响，因为动物的反应是直接和真实的。

10 岁的蒂姆待人十分反复无常。他有时十分可爱和敏感，有时举止却十分具有排斥性和缺乏同情心。他对家里的宠物狗——一只十分黏人的小可卡犬也是如此。有时他对狗狗满是爱意，和它玩耍厮磨，有时则完全是另一个样子，当狗狗想和他玩而他毫无兴致的时候，他就对狗耍威风，把它拴在绳子上，或者当它想来"拜访"的时候他紧紧地关上房门。他的母亲尝试着向他解释，对动物也要友好，这样动物才能相信他，而且对动物的需求也要认真对待，比如不能只在有兴致的时候才和动物玩，而是在动物想要玩游戏的时候就去陪伴它们。但是蒂姆不为所动。当他后来发现小可卡犬只有在他哥哥躺在沙发上的时候才跳上垫子和哥哥一起愉快亲密地待上好久，而即便他也爱和狗狗在垫子上玩，狗狗却从不来找他时，他开始思考了："艾利不再喜欢我了吗？"他问哥哥，哥哥告诉他，动物能感觉到可以信赖谁、不能信赖谁。如果它们不确定人对它们是否友善，它们宁可敬而远之。蒂姆显然有所触动，动物毫无掩饰的反应让他开始反思自己的行为。和哥哥谈话之后，他虽然仍会抱怨被狗狗排斥，但却努力用爱心和细心照料它。他由此了解了动物也有需求，主人要了解宠物的需求并且做出反应。

02

完成富有挑战的沟通

Der Zauber guter Gespräche
Kommunikation mit
Kindern, die Nähe schafft

在繁忙的家庭生活中进行亲密沟通

冲突中的交流

狼和长颈鹿——非暴力沟通

生活中的分离——通过对话（再次）

和孩子变得亲密

和祖父母聊天的时间

爱总是对的

在繁忙的家庭
生活中进行亲
密沟通

接下来我要进入一些沟通情境的实例分享，它们对父母和孩子都有所要求。

孩子不想被"审问"

如果我们有时候要一整天都和孩子分开，比如周一到周五通常要把孩子送去幼儿园和学校，我们可能很想知道他们在和我们分开的时间是怎么度过的。如果我们晚上等孩子从学校或是课后活动结束回家问他们一天过得怎么样，基本只能得到一个特别简单的回答——"挺好的""不错"或者"还行"。如果我们再细细追问，很多孩子都会紧张起来。我们问得越多，知道得就越少。

孩子的反应告诉我们，我们得做点儿别的什么，以便他们能友好地向我们倾诉——不过该做什么呢？如果我们问孩子，他们一天过得怎么样，或是数学作业、篮球训练都进行得怎么样了，他们会觉得我们在查看他们的成绩。一天的课程已经让他们筋疲力尽，他们已经没有兴趣再去谈论他们的成绩了，而只想自由自在的，不再去管那些费力的事情。为了避免孩子觉得我们的问题是在检查他们，我们要用理解的态度听他们说话，照顾他们的感受。

即便我们的大多数问题都是出于好意，我们的对话有时也会逐渐变得像在审问。我们想知道一些他们的日常，却觉得孩子并不真想说些什么。于是我们紧追不舍，只专注于我们感兴趣的信息，却忽略了与之相关的孩子的感受，导致孩子觉得自己不被重视，就更加闭口不言了。

下面是一段很典型的对话，母亲在向孩子询问学校一天的日常：

母　亲："今天过得怎么样，我的宝贝？"

雷纳特："挺好的。"

母　亲："你们今天有个数学考试吧，怎么样呢？"

雷纳特："还不错啊。"

母　亲："不错是什么意思？所有的题都做出来了吗？"

雷纳特："没，不是所有的。"

母　亲："哪些没做出来呢？"

雷纳特："嗯，最后的部分，有两道题我不会。"

母　亲："是吗，两道还挺多的呢。"

雷纳特："几乎没人会做。我现在回房间了。"

在这个对话中母亲询问了很多信息，但都是她感兴趣的，她忽略了孩子的感觉。孩子根本无法表达自己的失望，因为母亲的评论让他忙于辩护（"几乎没人会做"）。母亲则因为自己的担忧而向孩子发牢骚（"是吗，两道还挺多的呢"），而孩子此时其实已经有心理负担了。孩子觉得自己被审问了，自己的感觉没有被重视，于是就结束了对话。

在积极倾听的帮助下，母亲可以更有同理心地和孩子对话：

母　亲："今天过得怎么样，我的宝贝？"

雷纳特："挺好的。"

母　亲："你们今天有个数学考试吧，怎么样呢？"

雷纳特："还不错啊。"

这时母亲可以把自己接收到的孩子的情绪反馈出来：

母　亲："听起来你好像不太确定考试考得怎么样呢。"

雷纳特："是啊，我不太确定。"

母　亲："你的疑问在哪儿呢？"

雷纳特："嗯，我没答出所有的题。"

母　亲："要是多给你点儿时间就好了，是不是？"

雷纳特："是啊，我前面花的时间太长了。也许爸爸周末能陪
　　　　我练习一下，我多练习一下就好了。"

母　亲："当然啦，这是个好主意。爸爸一定很乐意。"

对于询问孩子的日常也有同样的规律：如果我们重视孩子的感受，那么他们大概率会向我们讲起我们感兴趣的事。单一地询问我们感兴趣的信息会让他们觉得我们在刨根问底，缺乏同理心。如果我们觉得孩子没有兴致向我们说起他们的经历，那么大多数情况下是我们哪里做得不对，比如谈话方式太直接、太缺乏同理心，并不是孩子"闭口不言"或是"执拗任性"。如果我们能听出孩子字里行间的深意并顾及他们的感受，他们会更愿意面对我们、和我们谈话。孩子和父母都该丢弃老旧的、不合时宜的提问方式。

增加每日仪式

和家人交流日常的机会大多出现在全家相聚的时间。我们可以在全家进餐的时间来个"今日之最"仪式——每个人说说自己一天里最搞笑的、最冒傻气的或是最棒的经历。

这样的仪式有很多益处：

孩子不会觉得有人对他刨根问底，也不需要从头到尾把一天的经历说一遍，许多孩子都认为那样特别无聊。对话题的要求大致锁定了谈话的内容，在大家互相竞争谁的经历更胜一筹时，话题可以变得十分有趣。孩子也可以同时练习如何把事情讲得有趣、如何让听众听得兴味盎然。父母也参与到讲述中来，会使交流更加多元。大家都坐下来，孩子不需要仰视父母，也不觉得自己是个必须完成"汇报"的孩子。大家顺次发言，连平日有些"高傲"的姐妹们也积极参与进来，要知道平时吃饭时她们多是沉默不语的。

仪式也可以通过别的形式实现，比如每天一个家庭成员轮流给其他人提一个关于日常的问题，这个人可以在所有人中第一个发言。

仪式有无穷无尽的形式，除了询问"今日之最"，还可以根据孩子的年龄想出一些其他的问题：今天思考过什么问题？今天谁对你很好？你今天帮助了谁？你今天有没有什么生气的事？今天和谁在一起最有趣？其他人也可以出一个问题，大家轮流回答。想出"有料"的问题是一个有趣的过程，这些问题会成为饭桌上抛砖引玉的好话题。这需要参与者的创造性，也能让大家在日常中有良好的互动。

此外，第三章的 100 个问题或许能对大家有所启发。已经识字的孩子可以自己找一个问题，或者家里某人随机选一个页数抽取一个问题，也会很有趣。

孩子通过这样的仪式能够学会如何与他人交流，如何表述引起谈话的问题以及如何谈论自己。所有这些都可以提升他们的交流能力，帮助他们创造与他人拉近关系的可能性。

深入孩子的世界

我们对儿子喜欢的"照片墙"（Instagram，一款社交应用——译者注）焦点人物有多感兴趣？对女儿喜欢的演员了解多少？有没有关注眼下流行的、儿子卖力收集的游戏卡片或贴纸？上一次沉浸在孩子的世界里，津津有味地玩着他们喜欢的玩具、听他们给我们讲解是什么时候？孩子生活里有很多领域都是我们不了解的，对那些事孩子是专家，通常情况下孩子也愿意向我们说起那些事。

试试和 7 岁孩子一起看他的贴纸收集本，听他讲讲动画片《神奇宝贝》。如果孩子 10 岁，就试着和他一起坐在电脑前玩个他喜欢的游戏——总之尝试着理解一下为什么他们对此那么入迷。如果孩子已经 14 岁，可以问问他们最喜欢的网络视频是什么，在"照片墙"上都关注了谁，借此了解他们的兴奋点在哪里。

然而，所有这些能够生效的基础是我们单纯地感兴趣，而不是对孩子说的话加以评判。我们不必像孩子一样感兴趣，但要尝试去理解他们，重点在于了解孩子的最爱和心里的偶像，找到能打动他们和让他们痴迷的事物。如果我们开放地对待孩子最爱的事物，自然会收获更深层次的交流。

如果孩子早先经历过这样的"释放"，那么他们通常格外愿意聊天，说说我们感兴趣的事和他们喜欢的话题。对父母来说，最重要的是对孩子的世界真诚地开放。下面的例子明显地表明，缺乏开放性的关系会长期地伤害亲子关系。

安德莉亚有一个儿子和两个女儿。她总是和儿子弗里德里希起冲突，大多数情况下冲突的起因都是如何使用电脑。安德莉亚始终觉得用电脑是为了完成家庭作业，但她的儿子却不这么认为，他希望能像他的朋友那样玩一些电脑游戏。几番龃龉和交涉，母亲同意他在周末固定的时间玩一会儿游戏。弗里德里希疯狂迷恋周末的这几个小时，那是他一周里最开心的时刻。有时安德莉亚也会坐在儿子边上看他玩那些游戏，然后一番品头论足。

通常她会给出刺耳的评论，比如："这游戏蠢透了！""这多浪费时间呀！""你没有更好的事情可做吗？"等。这样一来，弗里德里希特别期待母亲早点儿离开他的房间，好让他能不受干扰地继续玩。他和母亲的交流无法建立。对儿子来说，母亲是他玩电脑游戏最大的阻碍，她总是给他一些很消极的暗示。

在这方面，这位母亲在教育行为上表现出矛盾心理：她虽然允许孩子玩电脑，却总是贬低这件事。她的消极评价并不能像她希望的那样让孩子远离电脑，长期贬低的结果是孩子对她紧闭心扉，不愿再说起关于自己的事。他知道母亲不赞同他的行为，有时甚至会说一些谎话来掩饰。

我的孩子不愿说话

如果父母感觉到孩子不容易亲近，若即若离或是不愿意说话，有时的反应甚至是竭力"拉近"关系——他们一个接一个提问题，不想让谈话有任何停顿，便无限放大孩子开口说话的恐惧，反而会把孩子推向父母希望的反方向。父母不断努力，频繁地提出更多的问题，而孩子则步步后退，直至闭口不言。孩子的反应让父母又沮丧又生气，孩子休察到父母的情绪，又更进一步地退回到自己的领地里。

如何才能打破这种令人绝望的循环呢？

在上面描述的情境里有一种不对等：父母过度主动和孩子过度被动。一种有可能打破这种不对等循环的方法是我们做父母的后退一步。

在逐渐累积的重复中（对孩子的提问越来越多），我们并不能提高孩子交流的主观能动性。如果我们发现自己重复的话对孩子没有作用，就该停下来，放弃这个无效的方法。我们不能逼迫别人谈话，而只能改变谈话的进程。这样也许会有助于孩子向我们反馈他们的感受。

"我觉得你现在好像没有兴致和我说话。"然后让我们等等看接下来会发生什么。

如果我们能不带着责备或叹息地说出这句话，而是衷心地、理解地说，那么孩子有可能不会置之不理，而是说出他的想法："嗯，我今天一天糟糕极了，现在真不想聊天了。"

然后我们就有机会发现孩子正在关注的事："你很累了，因为你今天一天糟糕透了。"

也许孩子会借着这句话说起他糟糕的一天："对啊，化学课上我什么都没听懂，明天就要考试了。"

对此，我们可以说："噢，这一定让你很有压力，是不是？"

也许孩子仍是那种"让我自己安静一会儿"的态度："是啊，我现在真的一点儿也不想说下去了。"

然后我们可以表示理解："我明白，你现在心里很烦。"

如果父母能做到不把孩子发脾气归因到自己身上，明白那只是孩子独处的需要，那么父母就会带着理解和关爱退出这次对话。长远来看，这样比任何勉强继续进行的、孩子毫无兴趣的对话尝试都要适宜。

而且即使孩子不愿意说太多，我们和他们的联结也都是对他们有好处的——可以主动邀请他们玩一个游戏或者出去散个步。我们传递的信息是，即便没有和他们相关的对话内容，我们仍然希望和他们保持亲密。

有时对话可以继续进行下去，但却不是必须。重要的是孩子能感受到我们的让步和彼此之间的亲密感，而这些不一定是通过一次对话实现的，而是通过我们的"存在"。

找到和青少年共享的时间

青少年正在发展他们日渐增强的独立性，希望并要求逐渐脱离父母，不再被过多地干涉，而父母又很可能喜欢这种干涉。这意味着我们也许原本打算晚上和他们安安静静地聊会儿天，却正和他们的某些计划冲突。这时我们谈话的意愿往往不能达成预期，因为孩子一旦进入青春期，他们的交流意愿就不像小孩那样更容易符合我们的计划。即便结果是他们有时间聊天，但情绪上却不在状态——情绪波动、退缩和失衡都是青少年典型的特点。此外，得到一些同龄朋友对他们的意义要远大于把父母作为倾诉对象，因此父母作为他们信任的角色往往退居到了幕后。

对于青少年群体，我们的"随时存在"是最重要的。在大多数情况下，我们不再像之前那样可以计划一个对话仪式。如果说对于小孩来说仪式是固定的、有序的、有保障的，那么对于青少年来说，他们会觉得这样的形式限制了他们的自由。我们能做的是向他们保证我们随时都在他们身边，即使他们沉浸在自己的世界里，即使他们锁着门玩游戏、和朋友聊天，我们也一直都在。

当他们在家时，我们可以尝试着告诉他们："我接下来的两个小时都有空，如果你想要来喝杯茶或者出去走走，就来和我说一声。"通过这种形式的邀请，孩子可以根据他们的需求自主、灵活地进行安排。多数情况下我们有很大机会可以和他们共度一些时间，而且这样会比我们强行给他们安排一个固定时间要好得多。如果孩子随后接受了这个邀请，我们一定要把握这个珍贵的时间段和他们交心地好好聊聊，不要错过任何一次交流的机会。当然，父母需要给可能的交流预留出更多时间，也得十分频繁地"有空"，无论孩子是否接受邀请。不过不用担心，这段难熬的日子会过去的，当我们总能给孩子创造这样的机会时，我们和孩子也一定能建立牢固的亲密关系。

阿尼卡是一位工作十分繁忙的医生，同时也是三个孩子的母亲。她的小女儿出生比较晚，两位姐姐已经离开家去上大学，小女儿独自和父母生活在一起。这位十分干练的母亲吃惊地发现，自己简直找不到和小女儿交流的入口。每次只要她想在繁重的工作之后和孩子聊会儿天，孩子就会有别的安排，或是完全没兴致聊天。这位母亲不知道该如何处理这种令人沮丧的拒绝态度，有时她会强制要求孩子和自己聊天，有时则会紧张不安地打消和孩子聊天的想法。

最后她决定把本来下午该在实验室里完成的工作带回家做，这样她下午就可以有几个小时的时间在家，她想告诉小女儿："我就在这里，如果你愿意，我们可以一起喝杯咖啡聊聊天。"最开始这位母亲不确定是否该把实验室的工作带回家里，也不确定小女儿是否有时间和兴趣跟她聊一聊，不过她决定至少先试试。几天之后，她的房间里已经摊满了工作文件，她也对孩子说："如果你愿意聊聊，我任何时间都可以停下来陪你。"这样孩子就可以不用和妈妈在固定某个时间"见面"，而是在整个下午的任意时间都可以来找妈妈，接受妈妈的邀请。就在那天下午，母女之间有了一次长久以来都不曾有过的交谈。除了符合青少年口味的灵活时间安排，母亲的随时守候也十分值得肯定。小女儿在后来的聊天中说，她很喜欢妈妈专门为她拿出了时间，特意回到了家里。她其实一直希望这样，但是从没有表达过，也没有要求过，这导致妈妈以为她没兴趣聊天。其实她很喜欢和妈妈聊天，只不过有时候妈妈的日程太过紧张，有些聊天的时间甚至要见缝插针地安排，这让她不太开心。

如何对待兄弟姐妹？

每个孩子生来都有自己的个性，有的孩子好动，有的孩子则喜欢安静地思考；有的孩子说起话来滔滔不绝，而他的兄弟姐妹或许很害羞，面对陌生人连话也不敢说。通常情况下——但不是所有情况下——这些区别是年龄差异造成的：家里最大的孩子总是要承担责任，而小一些的孩子则扮演一个"轻松"的角色，承担的责任也少。这也常常反映在他们的说话时间上。由于他们的语言发展水平不一样，家里的大孩子一般说起话来更轻松，父母更容易把他当作交谈对象，所以大孩子会有更多的交谈时间。小孩子说话机会则相对比较少，表达得也少一些，于是更加不愿说太多，因为他们觉得自己反正也不太能说，所以得到锻炼表达的机会就越来越少，这就进入了一种被强化的循环。这样一些"标签"就产生了，比如"文静的孩子"，然而如果他们能得到更多的说话机会，可能根本不文静。

类似的情况就发生在了姐弟卡尔拉、雷奥和菲力克斯身上。最大的姐姐和排行老二的雷奥相差四岁，雷奥和弟弟相差两岁。

卡尔拉是个语言天才，喜欢聊天，社交情商高，十分容易和他人建立联系。菲力克斯的语言能力也很强，和同龄人相比他的语言发展水平也要高出不少。和两位十分擅长表达的姐姐和弟弟相比，雷奥害羞而胆小，只有在别人和他说话时才被动说上几句。雷奥的父母十分担心他的语言能力，他的弟弟则常给他解释一些词语——他这个做哥哥的都没听说过。如果在全家一起吃饭的时候观察雷奥，会发现他总会走神。他有许许多多丰富的幻想，然而他却只把它们保留在自己的游戏中和脑子里，而不是在语言上。因为他总是沉浸在自己的幻想世界里，所以总是跟不上大家谈论的话题，在谈话的时候反应不过来。

父亲决定每周花一个小时专门和雷奥聊天。在满满当当的一天和需要照顾三个孩子的日常里，这一个小时并不容易找到，不过父亲还是调整了日程去安排这个时间。在这一个小时里，父亲只关注雷奥一个人，只说他感兴趣的话题——恐龙、硬币和幻想。随后父母吃惊地发现，雷奥既没有任何语言发展的延迟，也没有语言障碍，他只是需要更多的耐心和关注来表达他的想法。在他爱说的姐姐和弟弟中间，他放弃了发言，但在和父亲两个人相处的时间里，他开心地说了很多。

后来，父母每次在全家晚餐时都会加以引导，以便所有人都能说说自己的一天，雷奥也得到了说话和表达自己的机会。

给那些不擅长表达的孩子以空间，让他们开口说话十分重要。他们可以去尝试，然后发现自己完全可以表达出来。如果他们就此放弃、不再参与谈话，那他们就不能通过这些经历知道自己其实完全可以说得很好，总有一天他们会被贴上一些"标签"，比如"爱做梦的""害羞的"或是"不爱说的"，他们自己也会逐渐认同这些标签。

怎么做才能给平日里不太爱说的孩子更多的空间，让他们去表达呢？

可以试一下和孩子规划一个"独享时间"。在这段时间里，我们只和一个孩子聊天，而不要受其他孩子的干扰。尝试着鼓励孩子去表达，选择一些他喜欢的、愿意谈论的话题。

在日常生活中引入仪式。比如全家吃饭时每个家庭成员都可以有讲话时间，大家可以说说自己的一天，这样孩子也会开口说话。

尝试利用家庭成员的不同日程安排。如果家里的大孩子去上音乐课，那么我们可以和小一些的孩子独享一段时光。

有时语言能力的区别也不在于年龄的差异，而是因为性格不同。家里的老大十分内向，没有老二爱说，这也十分常见。对于那些由于自身性格而不太花时间说话的孩子，特别的关注也是十分必要的。越是不喜欢说话的孩子，父母越要多和他们说话，这会让他们觉得自己的参与很重要、很必要。只有这样他们才能在说话这件事上有积极的体验，从而收获自我肯定。

冲突中的交流

　　家庭生活里最美好的时刻就是和孩子亲密地在一起：我们愿意和孩子一起大笑、一起游戏、亲密地聊天、舒服地待在一起。这些时候我们内心满足，彼此更加亲密。

　　然而和谐的家庭里偶尔也会有冲突。家庭成员众多，大家共享日常的一切，互相之间必须要协调彼此的诉求和想法。父母制定了日常行为的准则，但有时这些准则也会不适用，尤其是孩子从童年过渡到青少年的阶段，这十分正常，也可以理解。

　　如果父母和孩子的愿望或需求不一致，争吵可能随即发生。有时可能是我们赶着要把儿子送去幼儿园，而他却还想玩骑士城堡。有时我们很生气，因为女儿又没有遵守诺言——和朋友出去玩之前没有写完作业，或是把自己的衣服丢得满房间都是。这些不符合我们预想的情景，令我们生气，也助长了潜在的冲突。孩子也是一样：他们会毫无先兆地发起脾气，比如父母不肯给他们买好朋友都有的超酷蜘蛛侠，或者他们还要在秋千上多荡一会儿的时候突然必须离开，因为父母还要购物……他们也不明白，生活为什么不能像他们希望的那样进行下去。

这样的日常情景我们都很熟悉，争吵可能随时爆发。有时争吵也没有什么意义，还会让所有人都很受伤。第二天又会怎么样呢？儿子一早又重新开始了他的游戏，尽管他该去幼儿园了；而女儿的睡衣又散落在了地板上……

避免愤怒表达

如果我们正在气头上或者十分失望，会倾向于指责孩子，使用一些不客观的表达。这里有一些例子，或许每个人都有过类似的经历：

以偏概全

我们正在和一个平时不常见面的邻居说话，谈论一个要紧的话题，偏在这时 8 岁的儿子急着要水喝。为了引起我们的注意，他开始摇晃我们的胳膊，见我们不理睬，他开始打断我们的交谈。于是我们生气地吼起来：

> "你能不能等会儿！你总是打断我！"

对孩子的行为不满时，我们倾向于以偏概全——用"总是""一直""没完没了"。

如果我们能集中于具体情境下的具体行为，那么交流会有效得多。我们应该向孩子解释我们现在需要什么以及我们想让他们怎么做，而不是主观地以偏概全：

> "我要和邻居说完话，请稍等一下，等我把话说完。"

夸大

当我们十分紧张、满是负荷的时候，或是不那么有耐心的时候，容易对孩子夸大其词。比如儿子又把杯子掉在地上摔碎了，也许我们会"训斥"他：

> "嘿！你真要把所有东西都弄坏了！"

我们越是以一概全、夸大其词，孩子对我们的责备就越有"免疫力"。夸大的态度不会造成任何有益的行为转变。孩子感到很沮丧，觉得自己被贬低了，可又没能得到具体的指导，不知道该如何改进自己的行为。这里更有效的方式也是专注于具体情境下的具体行为，告诉孩子我们希望他们怎么做：

"请一次只拿一个杯子，这样下次你就一定不会把杯子掉到地上了。"

辱骂

如果我们的情绪糟透了，也会偶尔说出一些辱骂的字眼。4岁的女儿大发脾气，因为我们没有给她买那个玩具店橱窗里的娃娃。也许我们会骂她：

"你真是个没用的烦人精！"

面对辱骂，大多数孩子不是沉默、伤心就是愤怒、反抗，和我们一模一样。如果想通过这种方式改进孩子的行为，那我们就大错特错了。更好的方式是表达出我们希望孩子做出什么样的行为。如果在某个情境中，孩子表现出了强烈的愤怒，有帮助的方式是向他反馈他的情绪：

"我能理解你现在很生气，因为你没有得到那个娃娃。但是你这样尖叫让我头都疼了，我希望你能小声些说话。"

传递"我"的讯息

如果孩子的行为让我们觉得自己的安排被打乱了，我们要更多地发出"我"的讯息，这很重要。托马斯·戈登在他的经典著作 *Familien Konferenz*（家庭会议）中清晰地区分了"我"的讯息和"你"的讯息。

"你"的讯息这样评价孩子：

"你总是乱成一团！"
"你总是回来得这么晚……"
"你真是个讨厌鬼！"

而通过"我"的讯息，我们可以传递对当前情况的理解。我们说到我们自己、我们的负担和感受，这样孩子可以理解我们的立场，当然这需要他们具备一定的理解能力。通过以"我"开头的表述，我们可以避免对孩子的指责，不会让他们觉得被侮辱而由此产生防御态度。

不要说"你总是乱成一团！"
而是"这种状态让我不舒服"。
不要说"你总是回来得这么晚……"
而是"如果你回来得太晚，我总是很担心"。

不要说"你真是个讨厌鬼！"

而是"我现在很累，想要安静一会儿"。

通过"你"的讯息，我们贬低了孩子，并且暗示他们身上有这样那样的问题。我们没有直接表达我们的感受和我们的内心世界。通过以"我"为核心的讯息，我们解释了孩子的行为会对我们产生什么影响，也表达了我们的感受。这样孩子可以更容易地做出反应。

转换角度

发生了一些冲突之后，很有益的一点是在风平浪静之后温柔地、带着一点距离重新观察和审视这次冲突，向孩子解释为什么我们希望他们能用另一种方式表现。如果我们蹲下来看着孩子，向他们客观地解释一些行为的含义，孩子会觉得自己被认真对待，也会更清楚地表达自己的想法。这绝不是"事后算账"，也不能是一个充满指责的对话，否则也许会出现更多的指责。我们应该在一个放松的时间里向孩子解释我们的感觉，告诉他们那些尖叫、摔门、不守规则和其他的一些行为让我们原本对平静、和谐和秩序的渴望被打破了。这样孩子能更好地理解我们的意思，从而有助于他们转换视角，事后问问他们是不是也曾经有过和我们当时类似的感觉。4 岁以上的孩子就可能部分实现视角转换了。

　　"你知道吗，我不太经常和我们的邻居丽娜说话。今天中午我有些重要的事必须得和她说，但你总是打断我们的对话，让我不能集中精神，这也让我对自己很生气。你能理解这种感觉吗？就是已经开始说话，但是你的思维总是跟不上，于是很生气。你有没有经历过说话总是被别人打断呢？"

　　对于很小的孩子，视角转换也可以借助讲故事来进行。当我们和孩子一起看图画书，看到一个故事里的角色十分生气的时候，我们可以一起仔细地讨论当那个人生气时别人会有什么感受。冲突极其考验所有参与者的性情，沟通往往因为压力过大而背离初衷。许多成年人在生活中都没有学会如何在冲突中保持客观和礼貌的沟通。他们或者变得很富有攻击性，说话十分偏激和讽刺；或者表现得完全相反，根本不去表达自己受伤的诉求，因为他们害怕对方的反应。如果我们的孩子在这些情境下看到作为积极范例的我们，就会帮助他们在冲突中既不失控，也不屈辱地退缩，而是清晰地交流。

回应我们的孩子而不是去"宣布"

　　在某件事上父母的期望与孩子的设想不同，就会导致双方之间的冲突。如果这种偏差是十分明显的，我们会倾向于直接"宣布"我们认为孩子该做什么。遗憾的是，这种方式往往会引发孩子的抵制，冲突也一触即发。

如果我们尝试去理解孩子和回应他们，道破他们的感受，而不是直接"宣布"什么，他们会表现得更加配合，因为他们觉得自己的愿望和需求被我们认真对待了。

假设一下，在晴朗但春寒料峭的一天，4岁的女儿兴高采烈地穿上她的凉鞋说：

"我今天就穿这个去幼儿园！"

母亲毫不迟疑地用不容置疑的口气回答：

"你穿这双鞋不能出门，换上靴子，我们必须走了！"

孩子会如何反应呢？不错，大概率是反抗，可能还会掉下眼泪。因为这样的答复说明母亲根本没有顾及孩子的感受，孩子觉得自己不被理解。

此时我们可以弯下腰去，向孩子反馈我们对这件事的理解，让她知道我们认真对待她的感受：

"你喜欢这双漂亮的凉鞋对不对？"

借此孩子可以知道我们能感受到她的喜悦，她认为自己
被父母理解了，会接着说下去：

"对啊，鞋子那么漂亮，和我今天的背包还很配。"

此时我们可以给出建议，当然不是"宣布"结论，而是
解释：

"今天还很冷，你穿漂亮凉鞋会着凉的，它们是夏天才能穿的。
要不你在路上和户外游戏的时候穿靴子，带上你的凉鞋去幼儿园，
在室内换上怎么样？它们确实和你的背包很配，而且真的很漂亮。"

这样乍一看多花了不少时间，实际上却不是。因为如果
我们严肃地"宣布"结果，还要花时间来安抚哭闹的孩子，
一样费时费力。

自愿提升配合度

我们从自己身上就能知道：如果我们能自由地做决定，
而不是被任何因素逼迫，那我们会更倾向于回应对话者的需
要和满足他的愿望。

对于孩子也是如此，他们的配合源于自愿。如果他们能

把自己的想法自由地引入决策过程中，通常会更加配合。所以对于 10 岁的男孩来说，有益的方法是听凭他在下午某个想做作业的时间完成作业，而不是要求他必须先完成作业才能去玩。

在典型的亲子冲突中，如果孩子能为解决问题贡献自己的想法，那么孩子的自决需求就会得到满足。

12 岁的尼克和他的父母陷入了一场典型的亲子冲突。他的父母觉得他有很高的音乐天赋，希望他能继续去上他已经坚持了三年的钢琴课。尼克却对此失去了兴趣，厌恶他的钢琴课老师，上课时的感觉也很不好。母亲建议他换一个新的老师试试，但他不愿意。几周以来他和父母始终处于争执中，父亲责备他"不持之以恒"。对于尼克来说，中断或继续上课是个原则性的决定。父亲越是从根本上去辩论，他就越顽固和拒绝。某一次，母亲更多是出于绝望而不是期待有建设性意见地问道："那你有什么想法呢？"

尼克毫不犹豫地给出了自己的建议，通过在线课程学习钢琴作品。他提议自己每个月学一首新曲子，练熟之后弹给父母听。虽然这和父母预期的钢琴课形式相差甚远，但他们还是接受了这个提议。结果十分不错：尼克比之前跟着老师学的时候练习得更多了，也更有激情了。更重要的是，他在演奏中找到了乐趣。

　　并非所有孩子的提议都能这样顺利地被接纳。不过对孩子来说，重要的是他们用自己的想法参与了决策。对此，家庭治疗师贾斯伯·朱尔在他的作品 Elterncoaching. Gelassen erziehen（父母辅导 接受教育）中写道："孩子们最开心的事莫过于令父母高兴，以及通过事情来印证自己对父母很重要。因此向他们请求帮助是个不错的主意：'我知道你想过不去幼儿园，但我得去上班。你可以帮助我吗？'""有时孩子会有办法，有时没有。不过当孩子觉得自己的愿望被认真对待时，冲突一般会减弱。"（朱尔，2018）

限定争吵范围

　　当我们和孩子陷入某种争吵中时，有时不能把话题限定于引发争吵的问题本身，而是在愤怒的支配下把最近所有的怒气混成一团，一股脑地抛向孩子。在冲突对话中，重要的是尽力把话题限定在特定范围内去充分讨论。如果我们把所有指责统统甩给孩子，那么只会离解决冲突越来越远。

　　詹尼斯，一个智力高于同龄孩子平均值的 15 岁男孩，在行为上十分引人注意——逃学、欺骗父母、暴力欺负同龄人，时常因为这些与父母发生争执。

每当詹尼斯办了"坏事"，他的父母总想通过谈话告诉他那些行为的问题和后果。谈话开始时大多很平静而客观，但詹尼斯总是含含糊糊，谈话形势就急转直下，双方也变得十分情绪化。谈话往往变成了争吵，尤其母亲，会把儿子近些年干的"恶行"从头到尾清点一遍。她觉得儿子屡教不改让她郁愤难平，以至于不再能单独处理其中的某个冲突，也不再能客观地解决这一冲突。她失望透顶地把所有问题混在了一起，单独讨论某个问题让她觉得十分困难，甚至完全不可能。詹尼斯的内心则更加封闭，在情绪化的、充满指责的争执中，他不再提出任何具体的改进建议，谈话也不再能产生什么具体的结果了。

如果我们觉察到孩子的错误举动导致了我们某种情绪的爆发，应该迅速拉开距离，以便能重新整理话题：是什么如此触动我们？为什么我们的反应如此情绪化？我们应该如何调整自己？我们如何才能和孩子进入一次有建设性的谈话？哪些方法对我们有帮助？如果父母不能知道更多，一次教育咨询或是父母培训也许能带来一些解决问题的灵感。

顾及孩子的成长阶段

孩子的行为往往因为无知而偏航。他们还不知道有些东西是他们在现阶段无法理解的，而直到他们成年之后回忆起来才会恍然大悟。

　　米歇尔是一位极为擅长思考的父亲。他有一个 6 岁的女儿，生性胆怯。米歇尔回想起他童年时的一些情境，母亲对他大发雷霆，而当时作为小孩子的他完全不知道自己"做错"了什么。比如，有一次他把一张纸放在地毯上，用铅笔在上面画画。当母亲斥责他的时候，他才发现原来笔尖会穿透白纸，把下面的地毯也弄脏。在此之前，没有任何人告诉不到 3 岁的他，用铅笔画画的时候要小心下面的地毯。事后想来，他觉得母亲当时对待他"犯错"的方法并不得体，也不合时宜，因为她对他就像面对一个成人一样，而他那时还并不是成人。米歇尔在面对自己女儿时竭力用不一样的方式处理冲突情况，顾及女儿的成长阶段，尊重她对特定事物的未知，所以他表现出很高的包容度。比如，早上女儿没有穿上去幼儿园的衣服，而是盯着窗外的雷雨天，或是她在烘焙时不小心把面粉袋掉到地上，两个人都被面粉包围了。米歇尔的母亲在类似情况下总是十分严厉和缺乏耐心，他决定不要在对待自己的孩子时重蹈覆辙。带着这样的想法，他甚至和女儿在满地面粉、一片狼藉的厨房里一起哈哈大笑起来。

暂时退出

　　有时，最好的开场也不能阻止随后谈话冲突的升级。一旦冲突开始，我们能感觉到自己内心的愤怒在升腾，在察觉到这种情绪的时候我们应该及时暂停，设法远离这个冲突的场景。通过自己离开这个场景而不是把孩子赶走，我们还能控制情势。如果我们在激烈的言语交锋之后试图把孩子赶走，而孩子拒绝执行我们的命令，那冲突很容易升级。因此更好的解决办法是我们离开房间、暂时退出，也可以告诉孩子，我们想之后再继续现在的谈话。孩子会明白我们并不是在逃避，而是在没有结束争论的情况下有意识地离开这个环境。我们暂停一下，直到情绪重新平复：

"我现在很生气，想透透气。我现在出去一下，咱们过一会儿再继续说。"

如果我们能在不断升级的冲突中适时地暂停，也就是在情绪爆发前离开现场，就已经成功了大半。

有意识地呼吸也有所帮助——多次深吸气和呼气。如果我们能在吸气时数到三、呼气时数到四，就多半能找到平复的节奏。此刻我们只专注于呼吸本身，心无杂念，有意识地深而静地呼吸，这是一种缓解剧烈情绪的有效方法。如果这个不奏效，可以试试在房间里或是阳台上走一圈，或者去干点儿别的事情，直到思绪被重新整理好，不再被强烈的情绪支配。

如果我们正在气头上，会倾向于尽快把事情梳理清楚，给我们的情感以"空间"，以使化解愤怒带来的内在压力。如果愤怒十分强烈，我们就很难客观地表达自己的感受，而倾向于某种更强烈的爆发——提高声调、以偏概全、夸张、辱骂……发泄怒气让人暂时感到轻松，但这样的行为却并不利于冲突的解决。或许孩子对此感到害怕了，变得"听话"了，但这并不是通过理解和接受带来的行为改变。我们的行为伤害了孩子的自尊，也伤害了我们和孩子的关系。如果我们能在类似的情境中给自己和孩子留出空间，后退一步，让自己和冲突保持距离，就能给我们和孩子机会重新面对争论，以一个更平静、更客观、更有建设性的方式再次讨论这个话题。

史蒂芙尼是一个单亲妈妈，她有一个淘气的 5 岁儿子汤姆，还有一个 3 岁的女儿杰西卡。她几乎每天晚上在儿子入睡前都要经历情绪爆炸的一段时间。儿子不听妈妈的要求去刷牙或换睡衣，而是满屋乱跑，和妹妹打闹，而妈妈此刻也正要哄妹妹睡觉。

她试过很多次告诉儿子"超时了"，把他一个人关进厨房，而汤姆多数时候不听指挥，这让她十分崩溃。她几乎每天对儿子咆哮，晚上往往以妈妈和孩子都泪流满面而告终。她十分愧疚于不能给孩子美好的睡前仪式，比如给孩子读个睡前故事，晚上的情形总是发展成激烈的争吵。

后来史蒂芙尼发现她无法同时哄睡两个孩子，于是她改变了习惯，先哄女儿上床，此时儿子可以看一会儿电视上的儿童频道。随后她只哄儿子入睡，对他集中全部精力，这样儿子也可以和妈妈一对一互动。这个办法让情况大为缓解，汤姆现在可以更好地遵从妈妈的指令。当汤姆偶尔还是做不好，让她感到怒气袭来的时候，她会给自己暂时退出的时间，让儿子在房间里玩一会儿，自己则退到厨房去。她离开之前会和儿子解释："汤姆，这样睡觉不行。我现在很累，到厨房休息一下。你自己在房间里玩五分钟，我们再试着安静下来。"她在厨房里深呼吸几次，有意识地对自己说几句鼓励的话（"我可以的，我保持平静"），几分钟后重新回到儿子的房间，而汤姆在几分钟的独处之后情绪已经平缓下来了。这样，她没有咆哮和使用攻击性的行为就控制住了这个让她十分头疼的情况。

如今她已经可以在睡前拥有一些美好的时光，给儿子读个故事，和他说一说白天的经历，她觉得轻松多了。儿子通过这个过程变得更配合、行为更得体。更重要的是，史蒂芙尼对自己的行为十分满意，之前愤怒过后的愧疚也得以缓解。

设定暗号

事实证明设定一个"暗号"也是有效的。当争论有升级的危险，可以使用一个之前约定的暗号来避免愤怒和大喊大叫：无论是父母还是孩子说出了暗号，双方都要配合，给冲

突的对话以片刻宁静。在双方无法互相避开的情况下，这个
方法特别有效，比如大家一起坐在车里的时候。说出暗号意
味着所有人都要在喋喋不休中暂停下来，但这并不是放弃谈
论话题，而是暂时中止，以便谈话各方都可以平静一下，情
绪平复之后再聚到一起。我们可以选择完全抽象的、搞笑的
或者非现实的词作为暗号，这些词本身就能带来一些欢快的
情绪（有个男孩想的暗号是"果酱包"，每次在争论中喊出
这个暗号的时候，他和妈妈都要笑上半天）。重要的是双方
都要认同立即暂停的规则，甚至可以起草一份协议，确保这
份"争吵协议"的有效性。

道歉

没有人是生来完美的父母，有时我们无法表现得十分得
体。争吵可能会愈演愈烈，然后我们变得富有攻击性，开始
责骂，声音也越来越高。在我们出现过激行为之后，适时向
孩子道歉很重要。

"听着，利努斯，我刚才说话太大声了，也有些夸大其词。你
当然不是每次都挑起和弟弟的争吵，有时候他做得也不对。今天是
你引发了争论，因为我们本可以有个很轻松的下午，我特别期待这

半天，但是你的行为让我很生气。不过我真的很抱歉我对你说话太大声了，还说得太夸张了。"

孩子会由此意识到成人也（很遗憾地）会有一些不合适的行为，并学会如何在伤害中体恤别人，为自己的行为负责。对孩子认错往往被很多成人视为软弱的表现和权威的丧失，因而被竭力避免。但实际上却正相反：道歉意味着自我反省、同理心和责任，也意味着和孩子平等地交流。当我们带着同理心和孩子交流时，他们也会倾向于习得同样的同理心。

真正地终止争吵

对一些父母来说，在和孩子争吵一番之后重新面对孩子而不带任何指责情绪，是一件十分困难的事。孩子在感受到情感上的伤害之后，也很难回归到平和、亲密的关系中去。

即便如此，我们也要特别注意不要通过减轻爱意来惩罚孩子。如果父母一直很生气，不和孩子说话，用刻意忽视去惩罚孩子，孩子会十分难过，双方的关系则会遇冷，这种情况有时甚至可以持续数天。父母由于一直心怀怒气而难以自拔，往往会忽视孩子遭受的伤害。父母应该清楚地知道，长期来看这种情绪化的教育行为会伤害孩子和父母的关系。因为通常情况下，孩子会尽一切能力赢得父母的爱，会极力促成某种和谐，也会把自己的需求屈居于对和谐的诉求之下。如果我们疏远孩子，他们会认为只有满足父母的期望才能被父母所爱。一旦不按照父母意愿行事，整个事情就会变得如同闹剧一般，因为那意味着父母拒绝的态度。他们会觉得自己并没有无条件地被爱，而只有在自己"完美"的时候才能被父母所爱。

　　丹尼尔是一个很聪明的 8 岁男孩。他总是陷入愤怒和爆发式的情绪中，难以遵守规则。他的父亲对他十分生气，冲突也经常发生，父子二人吵得不可开交。争吵结束之后父亲实施了他的惩罚措施，比如一段时间禁止儿子看电视，还要"绷着脸"好几天——反正丹尼尔和母亲是这么说的。父亲不和丹尼尔说话，不看他，对他就像对着空气一样，而且这个时间段内他对自己的太太也是同样的态度。母亲和儿子都要忍受他的脸色，而他直到家人都向他道歉之后才能重新和他们和解——有时他们觉得自己并没做错什么，只是为了把他从"绷着脸"的状态里解放出来。他的太太请他至少改变对儿子的态度，但他不为所动。有趣的是，他的父亲，也就是丹尼尔的爷爷，用同样的方式处理冲突，这在他还是孩子的时候就经历过。即使他长大成人，也不能改变这种行为，以让自己的孩子不再遭受自己幼年的经历。

明确地通过话语结束争吵是必要而有益的。当争论告一段落的时候，父母要结束这段对话，"正式"地发出和好的信号：

> "我对你的行为很生气，也告诉了你原因。我也能理解你很难过，因为你没有像计划好的那样去参加郊游。但我还是希望以后即使你再难过，也要顾及他人，不能把怒气发泄在你的弟弟妹妹身上，不能对他们大喊大叫。如果你愿意的话，我们现在和好吧。"

这时我们可以伸出手或来个拥抱。从此刻开始，一切都"好"了。当然，我们没办法一声令下之后立刻切换到"不生气"模式，但我们要时刻牢记站在自己面前的是尚未发育成熟的孩子，教育他们是我们的责任，他们还要学会明辨是非，而且我们要通过一个爱意满满的方式帮助他们成长、建立信任和发展自我。我们通过从不同角度评判孩子的举止就能做到这点。如果孩子做错了什么，做父母的不要太看重自己的个人感受，而要把它视作一个不受控制的举动，表达的是某种未能被满足的愿望。在下一个关于非暴力沟通的章节中，我们会介绍如何面对孩子未被满足的诉求。

狼和长颈鹿——非暴力沟通

通常情况下父母和孩子的冲突有两类：一种是我们的愿望妨碍了他们满足需求，比如我们让他们停下手头的游戏，因为该去吃饭了；另一种是他们做了妨碍我们满足需求的事，比如我们正要静静地打电话，而他们却大吵大闹地在我们身边玩。一般来说，我们会先友好、耐心地跟他们说，如果他们不肯照办，我们会搬出一些老套的说辞。

不容置疑："现在就要照我说的办，没商量！"

指责："你总是这样，从不照我说的做！"

用惩罚威胁："你如果不立刻过来，今晚就不许看电视。"

宣告某种奖励："如果你现在过来，午饭之后就可以吃一个冰淇淋。"

控制："你这样一直捣乱，妈妈很不舒服。"

也许孩子会按照我们要求的做，但他们不是自愿的，而是因为我们给了他们很大的压力。压力会伤害任何形式的关系。我们自己也是通过这种教育方式长大的，所以有时我们会毫不置疑地内化这种方法。孩子到青春期之后就会反抗这种方式，抵制我们施加给他们的压力。受到文化和教育的影响，在冲突中我们会把责任推给对方。我们不公开自己的感受和诉求，也不解释我们状态如何、到底想怎样，而是去指责对方如何没有正确地行事。我们夸大了对方在带给我们不满这件事上的责任："我受不了了，因为你总是这么不可靠/傲慢/咄咄逼人……"对方会觉得受到了攻击，从而采取自卫或反击。我们指责了别人，也就不可能实现非暴力沟通，互相攻击很快就会愈演愈烈。

我们有多频繁地和孩子说这些话："必须要这样吗？为什么你总是把厨房搞得像猪窝一样乱？你从不知道把餐具放进洗碗机里！我烦透了！"

在"总是把厨房搞得像猪窝一样"这句话里，我们是在评价孩子总是做错事而从没做过好事——这显然是贬低和侮辱，此外我们还把自己的心烦归咎于他们。孩子会因此觉得自己一无是处，感觉糟透了，原本可以积极回应我们评论的动机也消失殆尽。

孩子也许会反抗："根本不是这样的，所有兄弟姐妹里我打扫得最多了。"或是进行反击："你也不收拾咖啡杯，它们一直在写字台上。"对话现在讨论的内容变成了谁对谁不对，而不是如何更好地找到解决问题的办法。即便孩子把餐具放进了洗碗机，内心带着排斥和焦躁的他也一定不是自愿的，也不会有动力长期坚持这件事。

我们如何才能跳出这个相互指责、令双方都沮丧的怪圈呢？

马歇尔·卢森堡的非暴力沟通向我们展示了如何在和孩子沟通时消除压力。之前说到的一些因素（富有同理心地倾听，接纳孩子的感受和诉求，传递"我"的信息）在此有十分重要的作用。敏感在非暴力沟通中有着非常特别的意义：既对对方敏感，也要对自己的想法敏感；既要清楚自己的感觉和需求，也要领会对方的感受。

非暴力沟通包含一个分四步去应用的模型。我们这里并不是要大家在口头上去落实下面提到的四个步骤，而是要真正认同它们背后蕴含的敏感态度。这需要我们做很多练习，最后通过我们的语言传达出去。为了能更充分地表达自己和更好地理解他人，卢森堡定义了非暴力沟通的四个步骤，以巩固我们和他人的关系：

1. 观察

2. 感觉

3. 需求

4. 请求

非暴力沟通的目的是强化我们对非敏感性沟通的意识，找到通向谈话的另一个途径。自我认识、同情、专注和对他人的欣赏是非暴力沟通的基础。非暴力沟通使我们在冲突中也能展现和表达我们的感觉，传递我们的诉求（我们需要什么），而不是一味贬低对方，让他们对我们的情感负责。

狼对话和长颈鹿对话

卢森堡使用了象征符号长颈鹿和狼来区分不同形式的对话（《爱的生活——日复一日》中描述了长颈鹿语言和狼语言）——长颈鹿对话和狼对话。

森雷娜·鲁斯特在她的著作 *Wenn die Giraffe mit dem Wolf tanzt*（当长颈鹿和狼跳舞）中直观地阐述了日常生活中的非暴力沟通。关于狼对话，她写道："狼总能准确地知道什么是对的，什么是错的。他深信对所有人和所有事而言，他的观点都是说一不二的，因为他'创造真理'。如果他想让别人知道他们做错了什么，只需要把它阐释成对真理的某种探索。"（鲁斯特，2018）她还写道："狼的脑子里占支配地位的是他的观点高于一切……感受则要退居次位。"（鲁斯特，2018）狼威胁着每个人，实施着他的惩罚，给对方以恐惧、愧疚和羞愧。这常引发冲突，而不是对话双方的互相理解。

相反地，长颈鹿对话则代表了细心的理解：

长颈鹿是陆地动物，有着巨大的心脏，能借助长脖子对周边情况进行很好的洞察，同时又和周边事物有足够的距离。长颈鹿既对自己的感觉有清楚的认识，也善于体察他人的感觉。他了解自己的需要，同时尊重他人的诉求。在长颈鹿对话中没有威胁和命令，而只有直率的表达。

非暴力沟通有四个步骤：

1. 观察

第一步我们要阐明开始这次谈话的原因。在这里我要特别提到一种不带价值评判的观察——并不主观地解读当时的情况，而是尽力客观地将它展现出来。为此卢森堡提到了印度哲学家吉杜·克里希那穆提，他认为最高形式的人类智慧在于不加评判的观察。（卢森堡，2016）

对我们来说，放弃习以为常的解读和评论，单纯地去观察可不是件容易的事。如果我们能做到这点，那对方继续听我们讲话的可能性或许会变得更高。我用下面的情况来举个例子。

我打算安排一下周末的行程，于是请 12 岁的儿子去查一下他们的周末篮球巡回赛到底几点开始，并且当天告诉我结果。今天我发现他依然没完成这件事，于是我客观地判定我观察到的：

"我从昨天开始到现在都没听到你告诉我比赛定在周六几点钟。"如果我不是这样客观描述我的观察，而是随着我的原始冲动责备他"你总是这么不可靠！"我的儿子也许会排斥我，对我的话无动于衷。

2. 感觉

第二步我要说一说通过观察而产生的感觉：

"我生气了。"

在这一步，我会说出我的感受，但不会把责任归咎于对方，比如"我生气了，因为你这么不可靠"。把第一步（观察）和第二步（感受）结合在一起，可以这样表述：

"当我发现从昨天到现在你一直没回答我的问题——比赛在周六几点开始的时候（观察），我生气了（感受）。"鲁斯特强调，我们要使用"当……的时候"而不是"由于"。"由于"会在观察和感受之间建立因果联系，而这正是我们要避免的。通过"当……的时候"我们建立了观察和感受之间的时间联系，因此主动把情绪的责任揽到了自己身上。（鲁斯特，2018）

3. 需求

在这一步我们要说出自己感受背后的诉求是什么。在实践中，这几乎是最难的一步。有意识地察觉自己的诉求并不是件自然而然的事，这并不容易。需求把人们联系在一起，因为需求本身是包罗万象的。所有人都有同样的需求——饥饿、口渴、亲密感、对意义的探索、自由、认同和支持，这些只是一部分。人和人对于需求的优先级有所区别。需求的多样性促进了我们对他人的理解，即使我们有时不能认同他人的行为。行为是人们为了满足自身需求而实施的策略。如果我们能够清楚地表达我们的诉求，就有机会让他人理解我们。多数情况下，我们需要认真思索一下自己当前没被满足或仅仅部分被满足的需求。在我的例子里，我的诉求是需要一个清晰的回复，以便可以安排周末的行程。我要用"因为我需要……"来代替之前的对话内容：

> "当我发现从昨天到现在你一直没回答我的问题——比赛在周六几点开始的时候（观察），我生气了（感受）。之所以这样，是因为我需要一个清晰的回复（诉求），然后才能安排咱们周末的行程。"

儿子没有告诉我比赛时间这件事是我生气的导火索，而不是原因。我的反应实际是源于需要回复的诉求没有被满足。如果换成别人，在同样的情况下他的情绪会舒缓很多，因为对他来说这种需求无关紧要。我的感受完完全全源于我本人，源于我的诉求没能得到满足。针对这种关联，弗兰克·盖斯乐和古恩蒂·盖斯乐在 *Ich will verstenhen, was du wirklich brauchst*（我想知道你真正需要什么）中写道：

> "我从非暴力沟通中得到的最大收获就是一种重要的视角：我的感受完全源于我本人，源于我的需要。其他人的行为可以成为某种导火索，但绝不会是原因。我的感觉是一张晴雨表，展现我的需求是否被满足。"（盖斯乐，2017）

4. 请求
最后一步我会表述我的请求，说出对方该怎么做才能帮助我满足需求："你可以今天晚上就告诉我结果吗？"

请求要表述得尽量具体。比如不要说："以后要再可靠一些！"

我这样甩出了某种指责，而我的儿子没得到任何具体的建议，不知道该做什么才能满足我的这种需求。

请求可能会遭到拒绝，而拒绝它的人并不会因此受到褒奖或惩罚。如果孩子拒绝我们的请求时必须思前想后，考虑这样做的消极后果，那么他们会把这一请求看作要求。父母必须接受自己的请求被拒绝的可能。

在博客 www.gewuenschtestes-wunschkind.de 中，博主建议用下列步骤进行非暴力沟通：

（1）当我看见 / 听见 / 想到 / 发现 / 了解到……

（2）我觉得很伤心 / 生气 / 愤怒……

（3）因为……对我很重要 / 因为这很大程度上取决于…… / 因为我认为很重要的是…… / 因为我需要……

（4）所以我很希望你…… / 那么你是不是愿意…… / 你可不可以……，如果……

在上面的例子中我可以这样表达："当我发现从昨天到现在你都没回复我周六比赛几点开始的时候（观察），我很生气（感受）。因为我需要一个清楚的回答（诉求）来计划周末的时间。你可不可以今晚就给我一个消息（请求）？"

只有这样交流，才有机会让孩子接受我的请求。我没有像在争吵中常发生的那样泛泛地责备他（"你总是这么不可靠！"），而是中立地告诉他我观察到了什么——这其中没有指责，只限于观察到的情况。此外我告诉了他我的感受和感受背后的需求——我完全敞开心扉，告诉他我的内心，而不是指责他或是用一个令他不舒服的后果威胁他，只有这样孩子才可能理解我。他满足我的诉求是源自他对我感觉和需求的理解，他在满足我的请求的同时自己也心满意足。他不会因为害怕、内疚或是羞愧而去满足我的请求，也不会担心由此产生什么糟糕的后果，他这样做完全是自愿的，是发自内心地满足这个请求，同时满足自己和妈妈亲近的需要。

我们听到了什么？

我们可以在狼对话和长颈鹿对话中沟通，也可以在狼倾听和长颈鹿倾听中交流。（鲁斯特，2018）在狼倾听中，我们把对方的言辞视作攻击、侮辱或指责；在长颈鹿倾听中，我们能辨别出对方未被满足的诉求和与之相连的感受。

在听说爸爸周末要加班的时候，11岁的儿子说："你周末总是不在，从来都没有留给我的时间。"父亲很快为自己辩护："啊，这太不公平了！我上个周末全是留给你的。我总是想尽办法给你留更多的时间。"

这就是个极度想占据道义上风的狼性态度。如果父亲采用长颈鹿倾听，尝试找出孩子此刻的想法以及他的哪些需求没被满足，这个对话应该是这样的："我的宝贝，你也许很难过（感受），因为你这周末想和我一起干点儿什么（联系和启发的诉求），是不是？"

也许儿子这时会回答："可不是吗，我正打算和你一起出去骑车呢。"

这样对话会在理解的基础上发展下去，不是为了辩出谁对谁错，而是为了理出孩子的情绪，了解他的哪种需求没被满足。通过这样的谈话，儿子受到了鼓励，说出了他想和父亲亲近的愿望："你可不可以在周日晚上下班之后和我待一会儿呢？咱们一起去吃个冰淇淋吧！"

或许父亲能满足这个愿望，也有可能满足不了。即便不能，孩子也能通过这段对话说出自己的愿望，在父亲的善解人意中觉得自己被理解了。

对于孩子的一些特别举动，比如极富攻击性、越过底线或者悲伤、畏葸不前，我们要尝试去理解这些行为背后隐藏着怎样未被满足的诉求。满足这些诉求是非常有意义的。

孩子对父亲的指责是："你周末总是不在，从来都没有留给我的时间。"他的策略是借此凸显他对与父亲亲近的诉求。

孩子没有能力在感受到某种感觉之后去反思它，然后来到我们身边说："爸爸，你要是在周末工作，我想和你亲近的诉求就没办法被满足。你可以下班之后给我留一点时间吗？"这样的对话是不现实的，他的真实做法会是不断"发酵"这种感觉并且指责父亲。这时我们要能辨别到底问题出在哪里，问题背后是什么情绪，并对此做出回应。

在日常生活中实现非暴力沟通确实很不容易。我们必须得花时间练习不去品头论足、不去主观解读和归责，对于非常态的表达要三思而后言。我们要理解自己的感受，以便真实地把它们表达出来。其中一个很高的要求就是要用同理心和理解去处理孩子抛给我们的指责，而不是去做自我辩护、闭口不言或是同样富有攻击性。之后还要去梳理孩子语言背后隐藏的不满。这些对话需要集中注意力、放缓节奏和许多练习。

生活中的分离——
通过对话（再次）
和孩子变得亲密

在父母离异的情况下，父母中的一方——多数情况下是父亲——会放弃和孩子的日常生活。此时，保障孩子和父母交流的基础是，和孩子长期居住的父母一方要支持孩子和另一方的联系。父母离异一般伴随着冲突，最好不要让孩子参与其中，也不要建立"战线"。如果这样做了，孩子就会卷入"忠诚的冲突"中，而这些冲突大多会使他们遭受巨大的痛苦，孩子不会再希望和父母双方维持良好而稳固的关系，或者使这个过程变得困难重重。离异家庭的亲子关系，只有父母明确自己的责任、支持孩子和另一方联系才能较好地建立。

离异的父母和孩子一起度过的时间越短，就越难和孩子建立联系。不参与家庭生活的父母一方会与孩子有更多的隔阂，因而希望了解更多：

我不在的时候都发生了什么？

在学校里的一切都怎么样？运动项目如何？和朋友关系好吗？

不能每天看到孩子的父母会十分渴望参与孩子的生活，不希望自己被隔绝于孩子的生活之外。通常情况下，孩子完全没有或极少有兴趣去讲述已经发生的事。几乎没有孩子像成人一样喜欢"叙述性的描述"。我们对孩子提的问题越多，他们就越抗拒。那么父母怎样做才能更好地和孩子保持联系呢？那些关于我们不在的时候孩子经历了什么、感受了什么、思索了什么的对话，怎样才能对孩子更有吸引力呢？随着孩子年龄的增长，他们会很快觉得自己被刨根问底。举个例子，这种情况下如果我们连珠炮似的提问，他们会很快失去兴趣——我们觉得自己被刨根问底时也一样。我们不要漫无目的地对孩子提问，而是该考虑好哪些话题是我们最想和孩子聊的，然后用"选取最高级"的方式去提问：

上周经历过的事里最棒的是哪一件？

你最喜欢和哪个朋友玩？

你在学校里最喜欢的是什么？

什么让你最生气？

哪个老师最好／最让你受不了？

"最高级"有一个好处，即它们表现的是极端和特殊的情况，因而让人印象深刻。极端情况往往伴随着强烈的情感，因此回忆起来也很容易。它们比普通的经历更有趣，孩子说起它们也会更有兴致。

总的来说，我们更应该去提开放性的问题，而不是通过"是"和"不是"就能回答的问题，因为开放性问题会引出一个比较长的回答，从而能让我们得到更多信息。

不要问：你的训练让你很开心吗？而是：你训练的哪部分让你特别开心呢？

这里很重要的一点是互相之间的交流：如果孩子回答了我们的问题，我们也要回答孩子的问题，向他叙述我们这个星期的经历——哪些是开心的，哪些让我们生气，或者任何我们愿意和孩子交流的话题。平日里大家都各自忙碌，如果孩子了解了一些他们不知道的关于我们的信息，亲密感会更容易被建立起来，也会让孩子习惯这种并非单向而是彼此都要参与的交流方式。孩子会学会并适应和谈话对象平等地交流。

如果条件允许，把"一周概览"（多数情况是回顾）做得仪式化一些也很不错。用一种愉悦的方式惬意、有趣、开心和乐观地分享这些经历，会让彼此的关系变得更加亲密。或许这个仪式上会有种特别的饮料（一起做的柠檬水，自制的混合冰沙或奶昔），专为这个时间特制。或许这个对话被设置在一个专为爸爸和孩子或者妈妈和孩子说悄悄话而建起的树屋、棚子或帐篷里。

一段时间之后，像其他习惯一样，这些仪式对孩子失去了吸引力，他们会直接告知我们，我们也会很快发觉这一点。那我们就要思考如何找到新的方式让这些仪式变得富有吸引力。对于仪式也不必过分勉强，因为家庭聚会不是一成不变的，计划也会发生变化。如果这种仪式仍然能形成，则会极大地促进交流。仪式中会形成固定模式和确定性，让孩子有安全感。通过类似的仪式，孩子能领会到虽然父母不能时时和自己分享他们的一天，但他们乐在其中，而且和父母相聚的时候总会有机会和他们说说自己的日常，父母也会说一说他们的经历。

另一种和孩子交流的办法不是完全通过语言，而是展示过去一周的照片。大多数人都会用手机拍不少照片。我们可以想想孩子会对我们日常的哪部分感兴趣，然后为这些场景多拍一些照片。这样我们可以对自己的一周做一个照片记录，拿给孩子看并且给他们解释。如果孩子已经有自己的手机，他们也可以这样做，给我们展示他们一周的照片。

如果孩子还小，我们可以找一些和我们过去一周生活十分相关的东西，拿给孩子看并且给他们讲解，为什么这些东西很重要：我们的一双跑鞋，因为我们终于完成了马拉松长跑训练；一本我们正在读的有趣的书，比如一本烹饪书里的一个菜谱，做出来的食物味道超级棒。许多孩子觉得面对"真实"的东西会更有趣，他们也很好奇父母会为下周的见面准备什么新的东西。如果孩子有兴趣，他们也可以找出自己一周以来重要的东西并展示给父母。如果孩子不愿意，我们可以在说自己经历的时候通过提问把孩子拉到话题中来：

"这是我的跑鞋，我上周特别高兴，也特别骄傲，因为我终于能把长跑训练完成了。你肯定也做了不少运动，我特别想听听上周你的足球训练怎么样。你有没有完成什么让你特别高兴的事？"

有些孩子不爱说，而更愿意动手做些什么。那我们可以和孩子一起拿起画笔，想一想上周重要的事，把它们画出来，然后说一说。我们也可以找一个空白的本子或者一个"魔法板"，专门用于这个场景，以便让这个共同的活动变得特别。如果我们和孩子有兴趣，也可以共同写一本日记，着重描绘一周的趣事。通常情况下，孩子都会带着极大兴趣翻看这些记录，就像翻看相册一样，回忆起过去的点点滴滴。

所有这些交流的形式都能发展成美好的仪式，让关于"错过的共度时光"的询问不再困难重重，让孩子不再带着抵触去讲述，而是把整个过程变成一种让双方都愉悦的交流。如果孩子年龄比较大，对这种仪式性的谈话没有兴趣，甚至对这类建议有着"过敏"性的反应，那么请接受现实，这样的交流是不能通过强迫实现的。有时这样的对话却毫不勉强，因为双方正在一起做某件事情，比如打乒乓球、做饭、烘焙，或者在去游乐场、攀岩场的路上。年龄比较大的孩子和青少年注重独立自主，因而常与父母保持距离，不喜欢被刨根问底。这种感觉是和父母共同进行各种活动的基调。联系和亲密感应基于一种轻松的交流，而不是双方一起坐在桌边，父母要求道："所以，现在来说说……"为了显示对彼此交流的兴趣，也为了避免"审问"的嫌疑，父母可以在向孩子提问之前先说说自己的事。

扬和自己的太太离婚了，他会在周末定期见到自己 14 岁的儿子马克思。自从离异以来，他在"接近"儿子这件事上碰到了巨大的阻力——所有和儿子深入交谈的尝试都徒劳无功。马克思明确表现出了不感兴趣，对于父亲进行交流的邀请也没有回应。父亲从球场接他并尝试和他聊天的时候，他坐在车里一声不吭，即使两人一起进餐情况也不会好转，父亲不会从儿子那里得到只言片语。父亲觉得自己被拒之千里，十分沮丧。

在这种情况下，很多父母会出于情绪上的过意不去、沮丧、无望和精疲力竭而选择退避，也是情理之中的。当然他们仍是抱有希望，期待将来的某个时候情况又会"恢复正常"。

虽然对自己被拒绝感到很失望，但扬没有放弃，仍然建议马克思周日早餐前和他一起去跑步。令人吃惊的是儿子接受了这个提议。现在他们规律地一起跑步，这项活动让马克思十分开心。第一次跑步时父亲讲到了自己的一周，儿子提了一些问题，显得对此很有兴趣，也不再闭口不言。扬也接受了儿子偶尔出现的回避态度，没有向他提过多的问题。

几周之后的周日晨跑中，马克思开始说起自己的事——他和数学老师起了冲突。他给父亲讲了当时的情况，父亲认真地听着，又提了几个问题，然后两个人讨论如何处理这个情况。从那之后，儿子常常和父亲说起自己的经历——不止在周末，不止在两人跑步的时候。

扬能够接纳儿子的心理准备程度，既不深究也不强迫，而是接受已有的情况，并给出反馈，这是十分明智的。最重要的因素是他把谈话设立于创造亲密感的基础之上。由于扬不和家人生活在一起，马克思对此有一些怨念——但他的表达方式不是显性的而是隐性的——从而产生了父子间的隔阂。基于这个原因，真正的交流就难以产生。要解决这个难题，首先某种联系的形式要被重新建立，而扬是通过一起跑步和讲述自己的日常完成了这一步。

父母离异时，孩子用抗拒的态度对待父母中那个他认为"有错"的人是十分常见的。离异对孩子的冲击是巨大的，他们伤心、愤怒、绝望、缺乏安全感。在这个阶段，即使孩子的态度是拒绝的，父母也要让他们有足够的安全感和确定性，并让孩子理解自己不会从他们的生活中消失。这显然是一件十分困难的事情，因为父母在孩子拒绝时也会觉得沮丧和被孤立。最好的解决方法是双方一起进行一些开心的活动。所以我们可以想想孩子最喜欢哪些活动，然后尝试和孩子一起享受那个过程，可以是看电影、做手工、整理花园或是做饭。做这些事的目的完全不是去更多地了解孩子，而是单纯地和孩子一起经历些什么。请更耐心一些，给孩子一些时间并且坚持下去。确定性和信任感会传递安全感，长期来看也会提升亲密感。

　　如果孩子在度过某个抗拒性阶段之后邀请我们进行某项活动，那请留心我们的举止——注意积极倾听，不要一次要求太多。要能辨别孩子想和我们交流到什么程度，接纳孩子所表达的，不要没完没了地提问，而是给孩子机会，让他们自己说出他们到底希望进行什么程度的交流。在孩子自己设定的节奏下，一次内容更紧凑的谈话才更容易展开。

　　平时不住在家里的离异父母一方越是规律地和孩子共度一些时间，双方重新见面时建立联系就越容易。如果可以的话，双方可以定期通电话。如果这并不容易实现，也可以通过短信息或电子邮件建立小小的联系仪式，比如发送一些平日的照片，说一说照片里发生的事，无论开心、生气或是兴奋等。通过向孩子讲述我们的生活，孩子会参与其中并与我们建立一种联系。这是一个很好的基础，让我们能够去询问孩子的日常，看看他们在忙些什么，从而开启某种交流。

　　如果我们和孩子住得不远，可以每周定期见面，并将这件事做成小小的仪式，比如从运动场或音乐学校接孩子放学。这些共度的时光展现了负责任的父母对孩子的关切和对亲密感的诉求，即使有时候孩子需要一些时间才能接纳这种亲密感。父母离异使得孩子对家庭的概念和忠诚的价值观轰然倒塌，伤心、失望和愤怒之类的感情混合交织，让孩子十分困惑。

在这个阶段，孩子可能需要一些时间梳理这些情绪，重新接纳亲密的关系。

斯文从曲棍球训练课上接 12 岁的女儿丽娜放学，他们要穿过拥挤不堪的街道回家。无论工作多忙，他都会放下办公室的工作，在女儿训练这天留出时间。除了上车时说的一句"你好"，一路上女儿都不会有太多的反应，她一路都在玩手机，几乎不去看父亲一眼。他如果提什么问题，女儿总是十分简短地回答，而且明显有些紧张。斯文有时也会问自己这样的时间投入是否值得，因为很显然，父女两人在这段时间都不自在。不过他还是坚持了下来，用行动告诉女儿，即使她的态度是拒绝的，父亲也不离不弃。他总是温柔地迎接女儿，打开收音机来驱走车里不舒服的氛围。这样一直过了好多星期。

有一次，收音机里播的是奎因的 *Love of my life*（我生命的爱），女儿突然哽咽着说道"你一直说妈妈是你生命中的至爱，然后你就离开了她和我。你一点儿都不忠诚，我恨你！"斯文显然被女儿的爆发吓了一跳，一时间不知道该如何回应。不过壁垒终于被打破了，在无数次沉默之后女儿终于开口和他说话了。旅途快结束的时候，两人在车里都流着眼泪。他们相约过几天一起去散步，斯文向女儿表达了谢意，感谢女儿把自己的感受分享给他。接下来的几周里，他们又进行了几次对斯文来说十分有帮助的谈话，两人的关系又重新变得亲密和温暖，不知什么时候开始，他们又能毫无障碍地在一起了。

如果斯文没能达成目标，一起听音乐也可能成为让女儿敞开心扉的途径。音乐直接传递着我们的感情，有时能让我们更好地谈论感情。即使没有对话，一起听音乐也能建立一种亲密的感觉。

面对孩子十分明确的拒绝行为，一种有效的应对方法是对他们的情绪给予反馈，说出自己感受到了什么："我发现你刚才特别生气……"然后等待一下，看看孩子对这个反馈有没有反应。有时这样就能打开孩子的话匣子，他们会开始解释，从而展开一段谈话。如果我们决计要这样和孩子谈话，就要能够应对孩子对自己感受的表达，以及他们发泄性的表达。孩子在这样的对话中有机会去释放自己的情绪，觉得父母理解和接纳了自己，这对以后的相处也十分有益。在斯文和女儿的例子中，他十分不自信，也不敢问女儿的感受，他最大的担心是被女儿彻底拒绝。于是女儿迈出了第一步，在想要表达情绪的时候大声说了出来。

和祖父母聊天的时间

孩子喜欢和祖父母共度时光。在祖父母或者外祖父母那里，一切都是以孩子为中心的。他们不会时刻匆匆忙忙、不会时常分心，他们向孙辈清晰地传递信息：他们完完全全是在陪伴孩子的。大多数情况下，他们也不会那么严厉——他们没有父母必须承担的教育责任。对他们来说，重要的不是去要求和检查孩子的成绩，而是单纯地向孩子展示他们的爱，和孩子建立亲密的关系。对孩子来说，这种感觉简直棒极了、舒服极了。

祖父母不会被卷入日常杂务中，所以他们处于家庭生活中一个十分美妙的位置，可以只去爱孩子，做孩子喜欢的事、宠爱孩子而不去要求丝毫——没有学校的作业，没有口语训练，没有打扫房间或是整理洗碗机——所有这些很容易引发冲突的日常情境都和祖父母没有关系。对他们和孩子来说，这是一种建立亲密感的绝佳条件。孩子常常从祖父母那里感受到无条件的爱，这使得孩子在与父母经常陷入冲突的阶段仍能保持坚强。

艾里亚斯，11 岁

奶奶就是喜欢我本来的样子。如果我考试成绩很糟糕，不需要向她证明什么，她也不会生气。

这种轻松的前提可以很容易地让孩子敞开心扉——他们完全不担心会被品头论足。祖父母如果想用积极倾听的方式认真交流，可以尝试捕捉孩子传递的信息并做出反馈，许多信息含量丰富的对话都可以源于这种细腻的方式。而且很重要的一点是，祖父母生活阅历丰富，从不急于做出评价或给出建议，而是先让孙辈完整地叙述。当然，有时祖父母也会觉得只倾听不评价有些困难，积极倾听就是一个很好的技巧，帮助他们减少主观因素和主观评价，细心地参与到孩子的世界中，让孩子开口讲话。孩子一旦感到自己被接纳、自己的感情被理解，大概率会接纳祖父母出于善意的建议。

对祖父母来说，能找到和孩子聊天的话题并不容易。孙辈不是他们日常生活的一部分，往往很久都不和他们见面，如果双方不住在同一个城市则见面更为困难。但是祖父母有一个很有分量的筹码：他们的经历是孩子难以想象的，孩子会觉得那些故事有趣又新奇。大多数情况下，祖父母不和孩子讲起"过去"。他们觉得孩子会听得很无聊，同时他们也不愿意用老套的东西影响孩子，而是努力寻找一些现代的、符合时代的话题。不过二者并不矛盾：一位不断吸收新鲜信息、与时俱进的祖父母仍然会有童年或少年时代的有趣故事可讲。如果孩子能知道在没有网络、没有手机和飞机旅行的年代生活是什么样的，或是听到一些战争年代的故事，都会觉得十分有趣。当祖父母讲起他们上学的年代或是青年时代时，孩子大多会听得津津有味。此外，听祖父母讲起自己父母的事也让许多孩子觉得有趣。孩子喜欢看老照片，尤其是自己父母还是小孩时候的照片。

祖父母向孩子讲述过去的时候俨然成了专家，因此在对话中承担着"发送信息"的角色。祖孙两辈也可以对调角色，孩子也可以变成讲解当下时代的专家，说一些祖父母不太理解的事情，譬如新科技。孩子固然喜欢听有趣的故事，但也很喜欢讲解，喜欢自己的能力被认可。专家的角色在祖父母面前总能派上用场，因为他们往往不太能获取最新的科技资讯。这跟和父母在一起的情况不一样，因为父母通常知识储备更好，在与孩子相处时往往更容易扮演专家的角色。

从某个特定年龄开始，孩子对网络、手机、电脑、电视以及一切新电子设备都有了惊人的了解，可以很好地解释它们的工作原理以及该如何使用它们。祖父母可以由孩子带领着去了解视频网站、社交软件等。孩子向祖父母展示自己最喜欢的视频、自己在"照片墙"关注了谁，这就打开了孩子世界的大门。当然，如果祖父母努力接纳这些新鲜事物，孩子会对他们另眼相看。祖父母耐着性子听孩子讲述最近的新科技，会让孩子觉得妙不可言。孩子很乐意像专家一样分享自己的知识，这有助于增强他们的自我价值感。

对孩子来说，最棒的事就是和祖父母一起玩。打牌，传统的床上游戏或是新式社交游戏——画画、捏橡皮泥、烘焙、静静地看图画书或是读个故事。所有这些美妙的事都是父母在繁忙日常中没时间陪孩子去做的。祖父母不会总是匆匆忙忙，他们总有用不完的耐心。孩子喜欢这样，同时这也营造了自由思考、坦诚谈话的氛围。

　　祖父母总是带着满满的爱意和耐心，对孩子的一举一动心领神会，从不做出评价，而是积极地接纳，这些都十分可取。他们丰富的阅历总让孩子对他们充满了信任。爱、耐心、接纳、可靠和信任增进了双方的亲密感，孩子在其中受益无穷。

爱总是对的

　　写这本书的初衷在于帮助父母有意识地以一种平等的姿态开启和孩子的对话，了解孩子的感受和需求并认真对待它们，引导孩子把它们表达出来。敏感、同情、坦诚和接纳是父母为此所必备的。孩子能感受到我们为了理解和接纳他们所付出的努力，我们也借此为增进交流和亲密感的对话打好了基础。在我们认真倾听并努力尝试去理解孩子时，他们能感受到我们亲密和充满爱意的态度，也会用充满爱意的态度回应我们。他们觉得自己被重视、被倾听，这会让他们内心温暖、和我们更亲近。这些都会强化亲子之间的联系。

　　我们不能在任何情况下都用一种"完美"的态度面对孩子，有时我们可能很疲惫、伤心或是紧张，这都是很正常的。不过，因为我们的爱，我们能做对很多事！

即便我们不是完美的倾听者，有时面对孩子的表达有些笨拙，但我们传递的爱让我们和孩子保持着良好的联系。孩子只要能感受到我们亲密、善意的立场以及我们尝试理解的努力，我们就能找到新的交流机会。孩子成长的每个阶段都会带来新的变化和新的要求，也会让我们有新的机会去支持他们。

总的来说，我建议尽量放慢和孩子对话的节奏，最起码在那些重要的对话中要做到这点，因为它们蕴含着孩子的感受和需求。积极倾听和非暴力沟通能极大提升我们的专注力，这些沟通都不能心不在焉或匆匆敷衍地完成，尤其是在我们还没有经过足够的练习，还希望改变我们固有交流方式的时候。我们的交流方式是习得的。我们在某种交流风格中长大，在多年的时间里内化了某种交流模式。我们如果想弱化惯有的交流模式，在谈话中尽量减少从父母角度给出的建议、评价和提醒，那么就要十分注意倾听和表达的方式，以免看似是在安慰孩子，实际上仍然是在给出某种建议，而孩子的感受并没有受到足够的重视。

放慢速度会对此有所帮助。在我们对孩子开口之前可以先安静短暂地思考，我们甚至可以把这个过程说出来："我得想一下，因为我需要正确理解你刚才和我说的话。"于是孩子会认定父母正在花时间努力理解自己，会觉得自己表达的讯息被认真对待，从而觉得自己受到重视。不过，虽然我们需要一些时间来思考如何回复孩子，但一次"满分"对话却不一定需要很长时间，我们仍然可以从中了解孩子。有时孩子会在一次很简短的聊天中找到解决当下心事或困惑的方法。

放慢速度能让我们不陷入父母说教式的模式，而去进行有意识的交流。当然这不是要我们字斟句酌地和孩子讲话，而是尽量不要随性地、情绪化地回应孩子。孩子无理地提出一些要求时，我们仍然要有所限制。如果孩子破坏了规则，我们一定要坚定地对他的行为说"不"。长远来看，顾及孩子的感受和需求远比限制和禁止他们的行为更能获得他们的配合。

那些致力于解决孩子内心负担和不满情绪的"问题谈话"，切记可以做得轻松一些。让孩子在对话里画一幅超棒的画，或是让他说说自己的愿望和梦想，这样孩子和父母都能愉悦起来，双方的距离就很容易拉近了。父母给孩子以空间，不过多干预、不用自己的想法和判断影响孩子，会增进孩子积极的自我认知。他们可以获得介绍自己想法的机会，这对他们很重要。至于这些想法是不是可行，在此刻完全不重要，重要的是给孩子提供表达自己的空间，让他们自由地释放自己的想象力和梦想，这样他们才能有机会用游戏的方式表述自己的愿望和诉求。这样的对话给孩子提供了定义和定位自己的可能性，也告诉我们他们是谁，喜欢什么，梦想是什么。

接下来的 100 个问题，提供了和孩子交流愿望和积极想法的可能性。

希望你和孩子玩得开心！

03

打开孩子世界的
100 个问题

Der Zauber guter Gespräche

Kommunikation mit
Kindern, die Nähe schafft

奇妙场景
愿望
最爱
判断和价值
创意
矛盾
感受

下面的 100 个问题是打开孩子思想和感受世界的钥匙。它们都是开放性的问题，不能以是或否来简单回答。它们可以帮助我们以游戏的方式交流各自的想法、思考、愿望和梦想。

父母可以和孩子一起选择问题，或是在全家聚会时大家一起选择。为了方便孩子能理解问题的含义，我们可以向他们解释：大家要一起完成这些问题，同时我们很好奇他们会怎样回答问题。如果我们写下一些答案，也可以告诉孩子这些内容就像某种日记一样，日后重新读起来一定会十分有趣。如果孩子愿意，他们也可以写下他们的回答。不过，这是一种游戏化的记录，而不是一项任务。问题不要通过某种被设定的顺序进行——选出我们和孩子感兴趣的问题，或者随便说个页数，然后在这一页选个问题。第一章提到的积极倾听需要孩子在回复中体现他们遇到的麻烦，这样积极倾听才有意义。孩子碰到的问题可以通过若干次提问呈现出来。如果在问到某个问题时，孩子说起自己如何感受到了压力或是不开心，那么积极倾听的技巧就可以派上用场，以便更多了解孩子的感受和顾虑。此外要一直记得，只把这些问题当作游戏就好。

如果无法通过提问将谈话引向某个特定的方向，我们可以尝试对孩子的回答"敞开大门"，尽量给出一些中立的反馈，传递一些无关评价或感受的信息，鼓励孩子继续说下去，打开"大门"的"敲门砖"是一些无关内容的表达，比如"这很有趣！""真的吗？""原来是这样呀！"（托马斯·戈登，《家庭会议》）

如果孩子在这些"敲门砖"之后不再继续开口，我们可以追问一些问题来了解他们的想法。如果孩子不能自己回答一些问题或者陈述理由，我们可以多问一些"为什么"。追问能引出后续的谈话，但也不是必需的，具体要根据谈话的情况来判定。对于孩子给出的任何回复，我们可以继续用"敲门砖"的办法来最大限度地展开话题。如果我们不适应这种父母在谈话中太过沉默寡言的新方式，不必太过纠结——有时它甚至会帮助孩子进入谈话中去。和我们不同，许多孩子不认为父母的沉默是不正常的，他们认为这种沉默意味着某种接纳，是在鼓励他们说下去。我们可以尝试一下！

孩子回答完问题之后，我们也回答一下同一个问题，这样就开始了一种交流，可以增加孩子对我们的了解，也会增进双方的亲密感，让我们和孩子都十分愉悦。根据家庭情况的不同，有的问题可以去问家里的多个成员。这会让过程变得有趣，因为多方都会开始交流和讨论。比如在周日早餐时，我们可以在全家范围内开始这个提问的游戏，每个家庭成员依次回答一个问题。下面的 100 个问题被分成了七大类，但分类不是绝对的，有些问题可以归属于多个分类。希望家人的奇趣答案让你开怀！

奇妙场景

这些问题能让亲子交流变得有趣。孩子关于冒险的奇妙幻想被点燃，也许他们会说起一些自己的恐惧，我们可以仔细问一问。

01 你想要变成哪种动物？
你最喜欢这种动物身上的哪些特点？
它身上有没有你不喜欢的地方？
你觉得它很可爱 / 奇特 / 让人害怕 /
强大吗？

02 如果你会魔法，你最想用魔法干什么呢？
它会怎样改变你的生活？

03

如果你隐形了会怎么样?

你想做点儿什么呢?

有什么让你害怕的吗?

04

如果你有了超能力会怎么样?

你会用它干什么?

它会怎样改变你的生活?

05

如果你能乘时光机旅行,

你会回到过去的哪个时代?

你想有什么样的经历?

你会害怕什么?

06

你觉得去未来世界旅行是什么样的?

你想在那儿经历什么?

你更想去过去还是未来旅行?

07 如果你能读懂别人的想法，
你会更喜欢什么样的想法？
会不会有些你根本不想知道的想法呢？

08 你觉得外太空的生活是什么样的？
你想去试试吗？
你可能会害怕什么？

09 如果你能预测未来，
你最感兴趣的是什么？
你不想知道的是什么？

10 如果你想去哪儿就能去哪儿，
你想去哪里呢？
那儿看起来会是什么样子的？
你想自己去还是希望有人陪你去？

11

如果再也不用上学了，

你会干点儿什么呢？

生活里的哪些事会变得特别美好？

你会不会想念什么？

12

哪个已经不在这个世界上的人

是你最想认识的？

你为什么觉得他特别有趣呢？

你想和他一起做点儿什么？

愿
望

　　这些问题是为了发现孩子的喜好——他们喜爱什么、对什么兴奋、喜欢做什么、想要什么、梦想是什么。回答既可以是对某个目标或梦想的积极追逐，也可能是一种残缺不全的叙述，体现着孩子缺少什么。

13

你最想经历的一次冒险是什么样的？
特别棒的经历会是什么？
有什么对你来说可能会很困难？
你想自己去还是和别人一起去？

14

你想把自己装扮成什么？
你觉得这会有什么感觉？
你想成为你扮演的角色 / 动物吗？

15 你想去哪儿生活?
你如果去了那儿,生活会发生什么变化?
你觉得那儿有什么会特别好?

16 你最想成为哪部电影 / 电视剧中的角色?
他的生活好在哪儿?
变成他之后,
生活的某些方面会不会不如现在了?

17 如果有一个自由的愿望,
你最希望得到什么?
如果愿望实现了,
你的生活会发生什么变化呢?

18 如果你能为自己选一个特点,
你会选哪个呢?
如果你有了这个特点,生活会有变化吗?
你觉得谁有这个特点呢?

19

你最想擅长做什么?

结果会怎么样——你的生活会发生怎样的
变化?

你的自我感觉会怎么样?

你认不认识一个擅长这件事的人?

20

你想尝试一下的事是什么?

你觉得它可能是什么样的?

你为什么觉得它那么有趣呢?

有没有哪个你认识的人已经做过这件事
了呢?

21

你想帮助谁?

你觉得这个人会接受帮助吗?

你觉得在帮他的过程中,

最困难的事可能会是什么呢?

你有没有帮助过其他人呢?

22
你想认识谁?
你觉得这个人怎么样?
你觉得这个人最有趣的特点是什么?
有没有一些人你认识了之后发现和你之前
设想的很不一样?

23
你最想和谁一起度过一天?
你想做点儿什么有趣的事?
你对这一天的期待是什么?

24
你最喜欢庆祝的节日是什么?
你想邀请哪些客人?
你会怎样装饰房间和装扮自己?
节日的流程是什么样的?

25
你能想象自己变成一个名人吗?
出名的优点是什么?
出名的缺点是什么?

26
你最喜欢扮演马戏团中的哪个角色？
为什么你会觉得有趣？
你觉得哪些角色和你完全不匹配？
你觉得马戏团生活是什么样的？

27
你梦想的房子看起来是什么样的？
如果你住在这样一个房子里，
生活会有什么不一样吗？
你想和谁一起生活在里面呢？
这个房子里有哪些重要的房间？

28
你会特别喜欢听到哪种夸奖和表扬？
你最喜欢听到谁来表扬你呢？
你有没有给过别人一次特别的表扬呢？

29
有没有哪件事是你特别想做但是不敢做的？
别人有什么能帮助你的吗？
如果能做到那件事，你的生活会有什么变化吗？

30 你喜欢什么职业?
你觉得从事这种职业最有趣的是什么呢?
如果你的职业就是这个,
你的生活会是什么样的?

31 如果有一座孤岛,你想带谁一起去呢?
这是一个什么样的人?
你最想和他在那里经历什么?

32 如果有一座孤岛,你最想带过去的是什么?
你可以在那儿做哪些在家里不能做的事?
你在那儿最想念的会是什么呢?

最
爱

通过询问孩子的最爱，我们能了解他们的喜好——他们最爱什么、什么时候最开心、觉得什么最有趣。

33 你最喜欢的地方是哪里（可以是一个房间、一所房子、某个自然景观或是任何能想到的地方）？
为什么那个地方对你来说很特别？
你对那儿有什么回忆？

34 你最喜欢的人是谁？
这个人有什么特别之处？
你想要变成这个人吗？

35

对你来说最重要的是什么：视觉、听觉、
味觉还是嗅觉？
你最有可能放弃其中的哪一个？
那样的话你觉得最受影响的是什么？

36

哪一年是你最喜欢的？
你在那一年收获了哪些喜悦？
有没有什么是你在那段时间里不喜欢的？

37

你最喜欢的味道是什么？
你和它有什么关联呢？
如果你想起这个味道会有什么感受？

38

你最喜欢的电影是哪部？
你也想经历电影里发生的事吗？
你想更频繁地看电影吗？

39

你最喜欢的游戏是什么?
为什么这个游戏特别好玩?
你最喜欢和谁一起玩?

40

一年中你最喜欢哪一天?
这一天有什么特别美好的事?
你对这一天有什么回忆?

41

什么样的情境让你觉得最舒服?
还有什么也属于这个情境?
你想频繁地经历这个情境吗?

42

你最喜欢怎样度过学校假期?
如果不能休假,你会做些什么?
你最想和谁一起共度假期?

43

到现在为止，最美好的一天是哪一天？

这一天有什么特别之处？

你想再经历一遍这一天吗？

44

有没有哪个既不是家人又不是你朋友圈子

里的人让你特别喜欢呢？

你想经常看到这个人吗？

你最喜欢和他一起做什么呢？

45

有什么东西是你永远不愿意扔掉的？

你对它有什么回忆？

如果它丢了会怎么样？

46

你所有假期里经历过的最美好的事是

什么？

为什么这件事如此特别？

你觉得同样的事还会发生吗？

判
断
和
价
值

通过这些问题，父母和孩子可以进行一些非常精彩的讨论和交流。对于许多话题大家会意见不一，知道孩子的想法、了解他们如何捍卫自己的立场会十分有趣。

47

一个好朋友的特质是什么？
你是这样一个朋友吗？
你有这样一个朋友吗？

48

你觉得学校/幼儿园有什么不方便的地方？
该如何优化呢？
你可以为此做些什么？

49

你觉得人死了之后会怎么样？

你害怕吗？

50

人们怎么能知道动物是不是有感情呢？

你观察过动物的情绪吗？

你觉得人们该怎么对待动物？

51

你认为什么是不公平？

你经历过什么不公平的事吗？

你有没有不公平地对待过别人？

52

如果一个朋友被你惹火了，你会怎么办？

你有过这样的经历吗？

你生气的时候有朋友来帮助你吗？

53

你觉得怎样算是狂妄自大？

你认识这样的人吗？

你觉得他为什么会这样？

54

父母不应该做哪些事？

如果他们做了，你觉得会发生什么？

55

你愿意做些什么来保护你最好的朋友呢？

你愿意为了你的朋友而说谎吗？

56

在争吵中你会怎么做？

你有没有成功地结束过争吵呢？

你认不认识什么人在争吵中总是表现得很

好呢？

57
你觉得住在偏远的山间小屋里怎么样?
你最享受什么?最想念什么?
你喜欢独处吗?

58
一个失败者的特质是什么?
你认识这样的人吗?
你也这样做过吗?

59
如果你做了父母,对孩子做的哪些是会和
你的父母现在做的不一样?
你会许诺什么?
你认识这样的父母吗?

60
如果有一个月都不能接触电子设备(手机、
电脑、电视),你觉得会怎么样?
你最想念的会是什么?
你会做些什么作为替代呢?

61 如果明天你变成了百万富翁，你会用钱来做什么？
你的生活会变成什么样？
你认为你会变得更快乐吗？

62 如果一整天你都不能说话会怎么样？
这会带来什么好处吗？
你最想念的会是什么？

63 假如有一天你从男生变成女生（或者从女生变成男生）会怎么样？
你觉得哪些事会由此变好？
哪些会让你很不习惯？
你想要试一次吗？

64 你觉得要怎样才能避免战争呢？
最先要做的是什么？

65

如果你变成了国家总理会怎么样?

你会觉得哪些让你开心,

哪些让你不开心?

你想改变国家里的哪些事?

66

你觉得长大成人是什么样的?

什么会变得更好?

做孩子有什么优势?

创
意

这些问题是关于孩子的丰富想法的。知道他们对某个话题会作何思考、他们会有什么主意是很让人兴奋的。帮助孩子思考可以提高他们的想象力。问题的答案大多和他们的需求、愿望和不足有关。

67

你想要盖一栋什么样的楼房？
它看起来是什么样的？
你想为谁建这栋房子？

68

你想发明什么？
这会怎样改变你的生活？
其他人的生活也会因此而改变吗？

69

你会往一个漂流瓶里写些什么?

你希望谁找到这个漂流瓶?

你希望收到信的人有什么样的反应?

70

你想成立一个什么样的公司?

这其中的什么会让你最开心?

你想借此达到的目标是什么?

71

你会怎样安排自己在荒野的生活——如果
没有电和清水?

野外有什么比在家里好的地方吗?

你最想念的是什么?

72

你最想发明一种什么药?

你知道有什么人需要这种药吗?

73

你可以为他人做些什么?

这会给你带来哪些喜悦?

这样会不会遇到什么困难?

74

你会怎么处理某些你可以支配的财产?

你想自己使用还是和他人共享?

**矛
盾**

通过对矛盾体的提问，我们会更多地了解孩子的偏好和
厌恶。

对每个答案我们都可以追问下去：

这个选择有什么缺点吗？

你能想象其他人为什么会选择另一个答案吗？

这些都需要对于对立面的包容和开放的讨论空间。

75 你更想做
一个矮人
还是巨人？

76
你更喜欢
山
还是海?

77
你更喜欢
沙漠
还是南极?

78
你更愿意做
鲨鱼
还是海豚?

79
你更愿意住在
乡下
还是城市?

80
你觉得哪个更好:
很多朋友,但是关系都不太亲密,
还是只要一个最好的朋友?

81 你更喜欢
提问题
还是回答问题?

82 你喜欢
做家里年纪大的孩子
还是年纪小的?

83 你觉得
做独生子女更好
还是有兄弟姐妹更好?

84 你喜欢
严厉的老师
还是不严厉的?

感受

这些问题是关于快乐、爱、悲伤、恐惧、厌恶、羞愧、惊讶和愤怒等感受的。问题关注的是孩子感受到这些情绪的经历：他们如何察觉到自己或他人身上的这些情绪，以及如何处理它们。

85

你还能想起哪些你做过的美梦呢？

你希望梦里的情景能真的实现吗？

你做的梦里是美梦多还是噩梦多？

86

你做过什么噩梦？

你经常做这个梦吗？

你还为此感到害怕吗？

87

曾经有什么人嫉妒你吗?

你是怎么回应的?

你曾经嫉妒过别人吗?

88

有没有哪一次你特别害怕?

你害怕时什么可以帮到你?

你觉得自己胆小吗?

89

你有没有过特别尴尬的经历?

你当时是怎么做的?

有没有哪个你认识的人能在尴尬场合处理

得十分得体?

90

你开怀大笑是在什么时候?

和谁在一起能让你这么开心?

91
你上一次被不公平地对待是在什么时候？
你是如何反应的？
有人帮助你吗？

92
你现在完成得很好的事是什么？
你在这件事上感觉怎么样？
有什么可以帮助你更好地完成某件事情？

93
你看哪部电影时哭了？
你喜欢这部电影吗？
你还想再看一次吗？

94
你上一次害怕是在什么时候？
你有没有不害怕的人呢？
你是一个不容易害怕的人吗？

95

如果从家里搬走，你觉得怎么样？
这会有什么好处吗？
你最想念的会是什么？

96

你对谁很生气？你会把你的想法对他说出来吗？
你会觉得这样很难吗？
你觉得自己说出来之后会感觉怎样？

97

你想要和谁交朋友？
你会做些什么？
有谁想要做你的朋友吗？

98

如果有人给你准备了一个惊喜派对，你会如何反应呢？
你会喜欢什么，又不喜欢什么呢？

99 你上一次感到做事十分困难是什么时候？
什么能帮助你，让你轻松一些？

100 怎样才能发现别人爱你？
怎样才能发现自己爱别人？

致　谢

　　我十分感谢贝尔茨出版社的编辑比特拉·多恩，感谢她对这个话题的热情、兴趣、建议，感谢我们之间的合作。

　　感谢思尔维娅·格雷迪希的细腻感触和对本书的出色编辑。

　　感谢下列本书的试读者，他们提出了宝贵的建议，帮助和支持了本书的出版：卡瑞姆·塞巴斯蒂安·艾里亚斯，马蒂亚斯·蒂普夫纳，瑞贝卡·卡萨提，卡劳迪娅·穆勒·卡尔马亚，维雷娜·尼克斯·坎布。

参考文献

Bobra, Michelle: *Unselfie. Why Empathetic Kids Succeed in Our All-About-Me World*. New York: Touchstone, 2016.

Gaschler, Frank und Gundi: *Ich will verstehen, was du wirklich brauchst. Gewaltfreie Kommunikation mit Kindern. Das Projekt Giraffentraum*. München: Kösel, 2007 (11. Aufl.).

Glistrup, Karen: *Sag mir die Wahrheit. Helfende Gespräche mit Kindern bei Krankheit oder Krise der Eltern*. Weinheim und Basel: Beltz, 2016.

Gordon, Thomas: *Familienkonferenz. Die Lösung von Konflikten zwischen Eltern und Kind*. München: Heyne, 2012 (7. aktualisierte Aufl.).

Holleben, Jan von: *Meine wilde Wut*. Weinheim und Basel: Beltz, 2018.

Hout, Mies van: *Heute bin ich*. Zürich: Aracari, 2012 (11. Aufl.).

Juul, Jesper: *Elterncoaching. Gelassen erziehen*. Weinheim und Basel: Beltz, 2018 (10. überarbeitete und erweiterte Aufl.).

Juul, Jesper: *Essen kommen. Familientisch-Familienglück.* Weinheim und Basel: Beltz, 2017.

Rosenberg, Marshall B.: *Kinder einfühlend ins Leben begleiten. Elternschaft im Licht der gewaltfreien Kommunikation.* Paderborn: Junfermann,2015 (4. Aufl.).

Rosenberg, Marshall B.: *Gewaltfreie Kommunikation. Eine Sprache des Lebens.* Paderborn: Junfermann, 2016 (12. überarbeitete und erweiterte Aufl.).

Rosenberg; Marshall B.: *Liebe leben-Tag für Tag. Gewaltfreie Kommunikation in Familien.* Paderborn: Junfermann, 2019

Rust, Serena: *Wenn die Giraffe mit dem Wolf tanzt. Vier Schritte zu einer einfühlsamen Kommunikation.* Dorfen: KOHA, 2018 (15. Aufl.).

Siegel, Daniel J. / Payne Bryson, Tina: *Achtsame Kommunikation mit Kindern. 12 revolutionäre Strategien aus der Hirnforschung für die gesunde Entwicklung Ihres Kindes.* Freiburg: Arbor, 2013.

Steininger, Rita: *Eltern lösen Konflikte. So gelingt Kommunikation in und außerhalb der Familie.* Stuttgart: Klett Cotta, 2006.

Winter, Reinhard: *Jungen. Eine Gebrauchsanweisung. Jungen verstehen und unterstützen.* Weinheim und Basel: Beltz, 2018 (5. Aufl.).